LA
PERFORMANCE
PAR LE

Les Éditions Transcontinental inc.
5800, rue Saint-Denis
Bureau 900
Montréal (Québec) H2S 3L5
Tél. : 514 273-1066
1 800 565-5531
www.livres.transcontinental.ca

Les Éditions de la Fondation de l'entrepreneurship
55, rue Marie-de-l'Incarnation
Bureau 201
Québec (Québec) G1N 3E9
Tél. : 418 646-1994, poste 222
1 800 661-2160, poste 222
www.entrepreneurship.qc.ca

Pour connaître nos autres titres, consultez le www.livres.transcontinental.ca. Pour bénéficier de nos tarifs spéciaux s'appliquant aux bibliothèques d'entreprise ou aux achats en gros, informez-vous au 1 866 800-2500 (faites le 2).

Catalogage avant publication de Bibliothèque et Archives nationales du Québec et Bibliothèque et Archives Canada
Tremblay, Jean-Luc
La performance par le plaisir
2e éd. rev. et enrichie.
(Entreprendre)
Publ. en collab. avec Éditions de la Fondation de l'entrepreneurship.
Comprend des réf. bibliogr.
ISBN 978-2-89472-477-4 (Éditions Transcontinental)
ISBN 978-2-89521-141-9 (Éditions de la Fondation de l'entrepreneurship)

1. Gestion - Philosophie. 2. Efficacité organisationnelle. 3. Qualité de la vie au travail.
4. Personnel - Motivation. 5. Cadres (Personnel) - Attitudes. I. Titre. II. Collection :
Entreprendre (Montréal, Québec).

HD33.T74 2010   658.001   C2010-941111-0

Révision : Jacinthe Lesage
Correction : Valérie Quintal
Photos de l'auteur en couverture : Paul Labelle photographe © 2006
Conception graphique de la page couverture et mise en pages : Studio Andrée Robillard
Impression : Transcontinental Gagné
3e impression, mai 2012

Imprimé au Canada
© Les Éditions Transcontinental et les Éditions de la Fondation de l'entrepreneurship, 2010
Dépôt légal – Bibliothèque et Archives nationales du Québec, 2e trimestre 2010
Bibliothèque et Archives Canada

Nous reconnaissons l'aide financière du gouvernement du Canada par l'entremise du Fonds du livre du Canada pour nos activités d'édition. Nous remercions également la SODEC de son appui financier (programmes Aide à l'édition et Aide à la promotion).

Les Éditions Transcontinental sont membres de l'Association nationale des éditeurs de livres (ANEL).

Jean-Luc Tremblay

LA PERFORMANCE
PAR LE plaisir

Les Éditions
Transcontinental

fondation de
l'entrepreneurship
ÉDITIONS

À ma mère, qui a cru en moi
même si j'étais régulièrement le dernier de la classe
À mes enfants, Mathieu et Manon
À Alexandra
À mon amour Nicole et à son fils Adam
Je vous aime tous énormément.

Merci

Le développement de la philosophie de gestion la Performance par le plaisir (PPLP) m'a été inspiré par une multitude de personnes dont l'attitude, le comportement et les connaissances m'ont influencé. Les nombreux échanges que j'ai entretenus avec certaines d'entre elles m'ont permis de grandir, tant sur le plan personnel que professionnel.

Mes remerciements s'adressent tout d'abord au personnel du Centre hospitalier Rouyn-Noranda, et plus particulièrement à Mme Diane Côté, qui a été l'une de mes adjointes administratives à la direction générale ; à Mme Danielle Richard, attachée à la direction générale ; à Mme Huguette Lemay, directrice du service des finances et des services techniques ; à la D^{re} Annie Léger, directrice des services professionnels ; à Mme Monique Beaupré, adjointe à la direction des services professionnels ; à Mme Louise Lafontaine, directrice des soins ; à M. Sylvain St-Pierre, président du club social ; à M. André Joyal, chef du service d'inhalothérapie ; à Mme Mélanie Drouin, chef du service de radiologie ; aux Drs Benoît Bureau et Régine Blackburn, membres du Conseil des médecins, dentistes et pharmaciens ; au Dr François Vaillancourt, pour le soutien qu'il m'a apporté ; à M. Bernard Gaudreault, qui a été président du conseil d'administration. MERCI pour les merveilleux moments que vous m'avez permis de vivre. Ils demeureront, tout comme vous, gravés à tout jamais dans mon cœur.

Je tiens également à remercier des personnes qui ont été des modèles pour moi et qui ont marqué mon cheminement de carrière : Robert Laroche et le Dr Gaétan Garon qui, dans le passé, ont été mes directeurs généraux ; M. Saul Branco, un de mes chefs des services financiers ; Mme Sylvie Charron, une adjointe et une confidente remarquable ; et, finalement, Mme Renée Auger, une collègue exceptionnelle qui m'a toujours donné un grand soutien émotionnel.

J'aimerais aussi souligner l'apport de Francis Labbé, journaliste à la Société Radio-Canada, qui a fait connaître cette nouvelle philosophie de gestion par l'entremise d'un reportage de l'émission *Enjeux*. Je ne peux pas non plus passer sous silence le travail de Mme Marie-Ève Bergeron, ex-directrice des Éditions de la Fondation de l'entrepreneurship, et de M. Régis Labeaume, ex-président de cette fondation, qui ont fait la promotion de cette philosophie.

Table des matières

Avant-propos

Depuis plusieurs années, je m'intéresse au fonctionnement des organisations et, plus particulièrement, à la façon dont on les dirige parce que, dans les faits, le management est un domaine qui a peu évolué au cours des 50 dernières années. Pourtant, grâce à la multiplication des moyens de communication, les personnes les moins instruites de la société ont aujourd'hui plus de connaissances que n'en possédaient les gens les plus instruits il y a 50 ans. Nous devrions donc diriger nos organisations d'une autre façon. Car ce qui a fait notre réussite nous mènera à notre perte si nous ne changeons pas nos manières de faire.

La qualité du climat organisationnel est devenue pour la majorité des travailleurs leur premier critère au moment de choisir un employeur. La génération Y et les générations suivantes ont et auront une nouvelle vision du travail et une nouvelle définition du rôle d'une organisation. Les boomers travaillaient pour connaître le bonheur un jour, alors que les Y désirent le connaître tous les jours. Il n'y a pas si longtemps, les organisations imposaient leurs exigences aux employés; maintenant, elles doivent composer avec les demandes de ces derniers. Auparavant, les employeurs faisaient passer des entrevues d'embauche aux employés; maintenant, ce sont les employés qui font passer des entrevues aux employeurs.

Par ailleurs, il faudrait réaliser une chose fondamentale. La qualité de vie au travail devient de plus en plus importante et pour cause : nous n'avons qu'une seule vie à vivre. Pourquoi alors ne pas la vivre dans le plaisir? Cependant, notre qualité de vie au travail n'est garantie que par l'existence même de nos organisations, par leur pérennité. Et celle-ci dépend de la qualité du service à la clientèle (même dans le domaine public), laquelle repose sur notre présence, notre assiduité et notre engagement dans notre organisation. Donc, avant de réclamer les mêmes salaires et conditions de travail que les dirigeants et ceux qui y travaillent depuis un certain temps, il faut commencer par être présent, performant, patient et faire ses preuves.

De façon générale, qu'enseigne-t-on encore en sciences de l'administration à l'université ? Entre autres, que les quatre fonctions de base en administration sont : planifier, organiser, diriger et contrôler (PODC). Je pense qu'on ne peut pas résoudre les problèmes d'aujourd'hui avec les solutions d'hier, car ce sont précisément les solutions d'hier qui ont mené aux problèmes d'aujourd'hui. Il s'agit simplement de constater le nombre de cas d'épuisement professionnel, de dépression, de démotivation, de démobilisation ainsi que tous les exercices de rotation du personnel, la grande difficulté à retenir des employés et les douleurs de toutes sortes dans nos organisations pour réaliser l'exactitude de mes prétentions.

Je constate qu'on a essayé de faire de l'administration une science pure alors que, dans les faits, c'est une science molle. Elle doit tenir compte des cultures verbales, écrites, professionnelles, techniques, générales, de l'environnement social et culturel et même des différentes générations. Elle n'obéit pas à des règles scientifiques comme le font la physique, la chimie, etc.

De plus, les leaders et les gestionnaires de demain ne pourront plus avoir les attitudes et les comportements de ceux d'hier s'ils désirent se démarquer. Ils devront transcender l'existant et faire les choses différemment.

Alors, comment peut-on concilier la performance d'une organisation et le bonheur de ceux qui y travaillent si l'objectif visé est d'atteindre le plus haut niveau possible de performance ?

Tout d'abord, soyons réalistes. De nos jours, plusieurs facteurs interfèrent dans la gestion des organisations : fusion, croissance explosive ou décroissance accélérée, pénurie de main-d'œuvre, absentéisme, et même «présentéisme» — nouvelle plaie des organisations, la présence d'un employé à son travail faisant entrave à la performance de son employeur.

Au cours des 50 dernières années, plusieurs philosophies de gestion ont émergé, mais la majorité d'entre elles était axée sur des processus ou des théories comme la gestion participative, l'approche Kaizen, le modèle Toyota, etc., qui ne forment qu'un des douze constituants de la philosophie de gestion (la performance par le plaisir ou PPLP) que je propose dans ce livre. Nous gérons des ressources humaines alors que nous devrions gérer humainement nos ressources.

La PPLP est une nouvelle façon de concevoir le fonctionnement d'une organisation, c'est-à-dire de déterminer comment s'y comporter et la gérer. Elle invite tant les employés que les gestionnaires à redéfinir les notions de savoir-être, de savoir-faire et la conception même de ce que devrait être une organisation.

Le plaisir représente une façon d'être, de faire et de voir la vie qui concilie performance et satisfaction. Ce n'est pas seulement un processus, une stratégie, une approche ou des trucs trouvés dans des centaines de livres en administration qui prétendent avoir trouvé la solution pour atteindre d'excellents résultats. Je n'ai rien inventé et je ne prétends pas avoir fait la découverte du siècle avec cette philosophie. J'ai simplement relevé au cours des 15 dernières années ce qui m'apparaissait être les constituants du plaisir, que j'ai ensuite retransposés et expérimentés dans des organisations. Depuis que l'homme existe, le plaisir occupe une place constante dans sa vie et il transcende le temps. Il ne s'agit pas d'une mode mais d'une valeur sûre sur laquelle nous devons miser. Personnellement, je suis convaincu qu'il faut avoir du plaisir pour réussir.

Je vais vous démontrer qu'introduire le plaisir dans un milieu de travail est un facteur de succès. Vous verrez qu'on peut, de ce fait, augmenter de façon significative la performance dans une organisation publique ou parapublique, ou les profits dans une organisation privée. Le secret de la recette est pourtant fort simple. C'est connu et reconnu : les gens heureux produisent plus et mieux. En passant, avoir du plaisir ne signifie pas forcément rire. Et rire, à certains moments, peut même mettre fin au plaisir…

La philosophie de la PPLP a été testée avec succès dans plusieurs organisations. Elle a connu son apogée dans un processus d'expérimentation au Centre hospitalier Rouyn-Noranda (CHRN), où j'ai occupé le poste de directeur général, assisté d'une équipe de cadres fantastiques. Certains faits rapportés dans cet ouvrage concernent donc cette organisation avant sa fusion avec un centre d'hébergement de longue durée (CHSLD) et un centre local de services communautaires (CLSC).

La PPLP est en implantation dans des centaines d'organisations ; de très grosses comme de toutes petites, et ce, dans tous les secteurs d'activité. Les résultats obtenus sont impressionnants. La PPLP permet notamment de réduire de façon significative les burnouts, les dépressions, les différents types d'absentéisme, le roulement du personnel ; elle augmente la motivation et l'engagement, elle facilite le recrutement et elle fidélise le personnel.

Ce livre vous révélera les constituants de la PPLP et propulsera votre carrière et votre organisation à des sommets inégalés.

Jean-Luc Tremblay

Introduction

Tout d'abord, j'ai un aveu à vous faire. Lorsque j'étais à l'école, j'ai doublé ma deuxième année, triplé ma première secondaire et triplé ma quatrième secondaire. Ma mère me trouvait exceptionnel ; mon père, que j'adorais, pas mal moins. Je dois dire que si, moi, j'avais beaucoup de fun quand j'allais à l'école, mes parents, eux, n'en avaient pas vraiment à me regarder aller.

À cette époque, mon rêve n'était pas d'être le premier de la classe, mais plutôt l'avant-dernier, ce qui aurait été un énorme progrès puisque j'étais régulièrement… le dernier. Une année, j'ai même prétexté avoir la vocation pour entrer en communauté afin de ne pas recommencer une année scolaire…

Ma mère me répétait sans cesse : « Lâche pas, Jean-Luc, t'es capable ! » À un moment donné, je me suis demandé : capable de quoi ? Non seulement j'étais nul à l'école, mais dans plusieurs activités sportives, j'étais une vraie poire.

Par exemple, vers l'âge de 13 ans, je jouais dans une équipe de baseball. Or, en deux saisons, je n'ai réussi à frapper la balle qu'une seule fois. Une fausse balle ! Mes coéquipiers étaient tellement convaincus de ma nullité que, lorsque je me présentais au marbre après deux retraits, ils prenaient leur gant et se préparaient à aller au champ, sans même attendre que je m'élance.

J'ai très vite compris que, pour survivre, j'avais tout intérêt à développer mon savoir-être, c'est-à-dire à me faire apprécier pour ce que j'étais et non pour ce que je faisais. J'avais des idées, de l'humour, j'organisais des *partys*, des activités de plein air. On appréciait donc ma présence et on cherchait à m'inclure dans différents groupes. On m'aimait, car on me trouvait le fun !

Un jour, j'ai fini par terminer ma quatrième secondaire. J'avais presque 20 ans. Je me faisais la barbe tous les jours et, à l'occasion, j'arrivais à l'école avec l'automobile de mon père. J'ai ensuite été admis à l'université où, en bûchant très fort, j'ai obtenu un baccalauréat en administration. Dix ans plus tard, j'ai fait une maîtrise en administration publique.

À force de me répéter que j'étais capable de réussir et de me rappeler mes succès plutôt que mes échecs, ma mère m'a inculqué la notion de persévérance, et c'est sans doute grâce à elle que j'ai obtenu mes diplômes. Si j'ai réussi à accomplir ce que j'ai fait dans ma carrière, ce n'est pas parce que j'étais quelqu'un de brillant ; c'est parce que j'étais persévérant. Le talent est important mais il ne suffit pas. L'ambition et la détermination produiront votre ascension. L'essentiel, ce n'est pas ce que vous êtes mais ce que vous désirez être et faites pour l'être. Ne priez pas pour avoir une vie facile mais bien pour être plus fort pour la vivre.

Alors que j'occupais un poste de directeur dans un établissement de santé à Québec, les cadres de la région avaient organisé une activité sociale au lac Beauport. Durant la soirée, un collègue m'a demandé : « Ton succès, Jean-Luc, tu l'attribues à quoi ? » Je n'y avais jamais vraiment pensé. Après un court moment de réflexion, je lui ai répondu : « C'est parce que j'ai du fun quand je travaille. »

Au cours des semaines suivantes, j'ai repensé plusieurs fois à cette conversation et je me suis dit : « C'est vrai que, comme cadre, je ne suis pas si pire. Je suis même assez bon, pour ne pas dire bon, même très bon. En fait, si je n'étais pas humble, je dirais excellent ! Et, oui, je suis convaincu que ce que j'ai spontanément répondu à mon collègue est vrai : j'ai du succès parce que j'ai du fun à faire mon boulot et que les personnes que je dirige en ont également. »

Poursuivant ma réflexion, j'ai réalisé que toute personne normalement constituée vit dans la recherche du plaisir. C'est une préoccupation constante et omniprésente dans la vie des gens. C'est d'ailleurs cette quête du plaisir qui a stimulé l'évolution du monde et qui nous a apporté tout le confort moderne dont nous bénéficions aujourd'hui. Son action ne se dément pas : le plaisir génère la passion, qui elle-même engendre à la fois l'émulation, la créativité et le dépassement professionnel. Tous les développements scientifiques, technologiques et culturels dont nous profitons aujourd'hui, nous les devons essentiellement à des personnes passionnées qui ont obtenu des résultats impressionnants dans différentes sphères d'activité.

Toujours dans la foulée de cette réflexion, un matin où je «brainstormais» dans ma douche (eh oui ! il m'arrive de «brainstormer» tout seul, je trouve ça moins compliqué qu'en groupe), je me suis dit que si je trouvais les constituants du plaisir et les intégrais à une philosophie de gestion, cela devrait donner d'excellents résultats.

Ce matin-là, en arrivant au bureau, je me suis demandé : « Quels éléments précis sont présents lorsqu'une situation est plaisante ? » J'ai alors relevé huit constituants et les ai discrètement communiqués à deux collègues. J'avoue que, à ce moment-là, j'avais un peu peur que ma logique soit ridiculisée, mais mes collègues ont manifesté de l'enthousiasme et m'ont encouragé à poursuivre ma démarche. Quelques années plus tard, quatre autres éléments se sont ajoutés à ma liste des composantes du plaisir.

Le plaisir, c'est comme du sucre à la crème : si tu en veux, tu t'en fais. Et selon moi, ces **12 constituants** font partie de la recette :

1. Le rêve est implicitement ou explicitement présent.

2. Certaines valeurs sont préconisées.

3. Les bonnes attitudes sont incontournables.

4. Il y a peu d' « irritants ».

5. La consultation, l'écoute et l'implication jouent un rôle prépondérant.

6. On fournit rapidement des réponses et on règle rapidement ce qui ne fonctionne pas.

7. On demeure attentif et on reconnaît ce que font les participants.

8. On comprend bien l'information et on y a facilement accès.

9. On choisit les bonnes personnes.

10. Il y a une synergie.

11. Il y a de l'action.

12. On se sent en sécurité.

Dans l'esprit des gens, plaisir est synonyme de loisir, de bon temps, de moments agréables, de relaxation. Cela, en fait, est une erreur. On a aussi appris que travailler, ce n'est pas s'amuser, rire et avoir du plaisir. D'ailleurs, le sens étymologique du mot travail est *torture*. Donc, le boulot, c'est sérieux, ça peut même être douloureux, et c'est normal! En outre, il n'est pas nécessaire de se faire aimer, spécialement si on est patron ou qu'on exerce une fonction de supervision car ce sont les résultats qui comptent. D'ailleurs, on est toujours évalué en fonction des résultats qu'on obtient. Autre erreur! À celui qui croit cette dernière affirmation, je dis: «Fais-toi haïr et tu me reparleras de tes résultats!»

En somme, si nous supposons que le travail représente environ 50 % de notre vie lucide et éveillée (remarquez qu'une multitude de personnes sont lucides mais pas trop éveillées et que d'autres sont éveillées mais pas trop lucides), cela signifie qu'on nous demande d'être ennuyeux 50 % du temps pour être intéressant sur le marché du travail! J'ironise, bien sûr, mais pas tant que ça. Regardez un peu autour de vous!

Avec le temps, ma réflexion sur l'intégration de la notion de plaisir au travail m'a mené à transposer les constituants du plaisir dans un mode administratif et à établir la liste des **12 constituants** de la PPLP, un acronyme maintenant utilisé par de nombreuses organisations. Les voici:

1. Partageons un rêve.
2. Cristallisons nos valeurs.

3. Adoptons les bonnes attitudes.

4. Éliminons les irritants.

5. Consultons, écoutons, impliquons.

6. Fournissons rapidement des réponses et résolvons promptement les problèmes.

7. Soyons présent, soyons reconnaissant.

8. Communiquons et informons adéquatement.

9. Embauchons du personnel dynamique.

10. Dynamisons et animons l'organisation.

11. Centrons l'organisation sur l'action.

12. Accompagnons, soutenons, encourageons.

La Performance par le plaisir est une philosophie de gestion aux antipodes des modèles traditionnels et des paradigmes (les paradigmes étant, entre autres choses, les croyances, les us et coutumes) qui gouvernent nos vies personnelles et nos organisations depuis des générations. Actuellement, on connaît plutôt des modèles de gestion dont les répercussions sont semblables à celles observées dans l'expérience suivante :

> ✔ Faites entrer cinq chimpanzés dans une pièce. Accrochez un régime de bananes au plafond et placez une échelle permettant d'y accéder. Assurez-vous que le seul moyen d'attraper les bananes est d'utiliser l'échelle.

✓ Mettez en place un système qui fait gicler du plafond de l'eau glacée dans toute la chambre dès qu'un singe commence à escalader l'échelle. Les chimpanzés apprendront vite qu'ils ne doivent pas monter sur l'échelle, même s'ils sont attirés par la banane.

✓ Après un certain temps, désactivez le système de façon que les singes puissent escalader l'échelle sans problème et remplacez l'un des chimpanzés par un nouveau. Ce dernier cherchera immédiatement à monter et, sans comprendre pourquoi, il se fera tabasser par les autres. Il enregistrera rapidement qu'il ne peut pas accomplir cette action.

✓ Remplacez encore un des chimpanzés par un nouveau. Celui-ci se fera également malmener, et c'est le chimpanzé numéro six (celui qui a été introduit juste avant dans la pièce) qui tapera le plus fort.

✓ Continuez le processus jusqu'à ce qu'il n'y ait plus que des nouveaux. Dès lors, aucun singe ne cherchera à escalader l'échelle. Si jamais, pour une raison quelconque, l'un d'eux osait y monter, il se ferait massacrer illico presto par les autres. Le pire, c'est qu'aucun des chimpanzés n'aurait la moindre idée du pourquoi de la chose. La leçon reçue des pairs continue de dicter la conduite de chacun même si ceux-ci ne sont plus présents dans l'environnement.

C'est ainsi que, jusqu'à maintenant, nous avons conditionné nos vies et développé dans nos organisations des cultures qui génèrent parfois des modes de fonctionnement étonnants.

Je ne prétends pas, avec ma philosophie, détenir la vérité. Ce que je vous livre, ce sont des croyances et des convictions que j'ai acquises au cours des 32 dernières années, ainsi que des expériences et des observations que j'ai faites au cours de cette même période. Un grand nombre de collègues, d'universitaires et de gestionnaires considérés comme des références dans le domaine de l'administration partagent ma vision et les prétentions que j'avance dans ma conclusion. J'ai expérimenté ma philosophie de différentes façons, confidentiellement durant un bon bout de temps, ouvertement par la suite, et j'ai toujours obtenu d'excellents résultats.

Bien administrer une organisation, c'est tout un casse-tête. Il y a une multitude de morceaux, et ils doivent tous être présents et s'emboîter correctement les uns dans les autres pour qu'on obtienne le résultat désiré. Dans le cas de la PPLP, chacun des constituants représente un morceau. Oubliez ou perdez-en un, et le casse-tête sera incomplet. Il manquera un élément important permettant de mener le processus à bon terme et d'obtenir un résultat harmonieux. Si vous êtes un employé, vous apprendrez un certain nombre de trucs qui pourront grandement vous aider dans votre vie personnelle et vous faire progresser dans votre vie professionnelle.

À vous, maintenant, de jouer avec les morceaux et de les mettre en place !

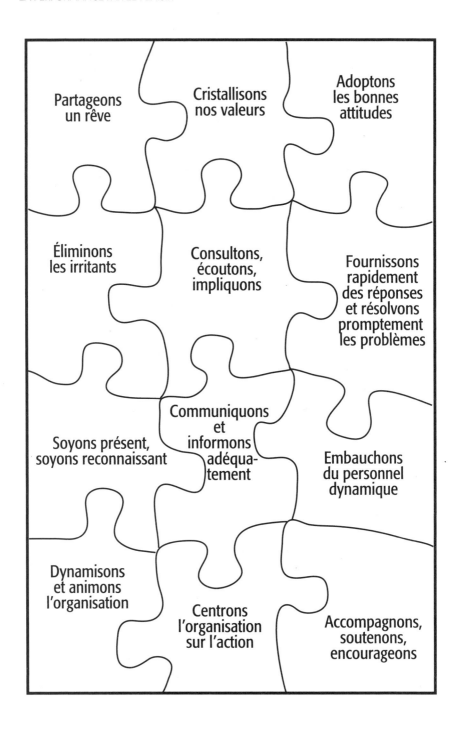

1

Partageons un rêve

Le rêve est toujours rattaché à la notion de plaisir. Que ce serait agréable de faire un voyage dans le Sud, de louer un chalet au bord de l'eau, de lire un bon livre… Du rêve émerge une croyance, et croire en quelque chose donne une force inimaginable, surtout lorsque le rêve est partagé. Le Cirque du Soleil rêvait de redéfinir le cirque ; ce fut une réussite planétaire. Desjardins rêvait de donner un pouvoir économique aux ouvriers ; le Mouvement Desjardins est devenu l'une des plus grosses institutions financières du Québec. À l'âge de 15 ans, Bombardier rêvait de créer un véhicule circulant sur la neige ; aujourd'hui, sa compagnie est devenue une multinationale.

Comment se fait-il, alors, que très peu d'organisations misent sur un rêve collectif? Les grands rêves engendrent de grandes choses, les petits rêves produisent de petites choses... et l'absence de rêve ne donne pas grand-chose! Shakespeare disait: «Ils ont échoué parce qu'ils n'avaient pas de rêve.»

Je pense qu'il est important de poursuivre un rêve réalisable aussi bien dans une organisation, une direction ou un service, que dans nos vies personnelles parce que ce rêve produit une vision et que celle-ci devient un ancrage. Le rêve transporte, transforme, nous permet de nous surpasser. Le rêve regroupe, mobilise, unit. Il donne un sens, oriente, nous amène à avoir des objectifs à court, à moyen et à long terme. Un rêve sans objectifs, c'est comme un bateau sur un ber: il ne va nulle part. Lorsqu'on ne sait pas ce qu'on veut précisément et où on va, on n'obtient rien et on n'arrive nulle part. Plus on parle de son rêve, plus les gens y croient, et plus on se rapproche de la réalité et du plaisir. La réalisation d'un rêve insuffle une très grande énergie et un fort sentiment d'accomplissement.

Le rêve, selon moi, est nécessaire. Ceux qui ne caressent pas de rêves réalisent ceux des autres. Avez-vous des rêves? Probablement, comme tout le monde. Alors, comment expliquer que seulement 7% des gens réalisent tous leurs rêves. Parce que nous faisons des rêves de contemplation: «Ah moi, mon rêve c'est de posséder un condo dans le Sud; si jamais je gagne la 6/49, c'est la première chose que j'achète.» Excellent, vous avez une chance sur 14 millions! Vous ne réaliserez jamais votre rêve à moins d'avoir les bons numéros.

Pour réaliser tous vos rêves, vous devez simplement vous mettre en action et faire les **5 choses** suivantes :

1. Sachez exactement ce que vous voulez dans la vie : la chose ou le projet qui vous allume le plus, ce que vous désirez le plus réaliser; vous pourrez ainsi mieux vous concentrer sur cette cible.

2. Déterminez comment vous pouvez réaliser votre rêve. Si aucune idée ne vous vient à l'esprit, sollicitez des rencontres avec des personnes qui ont déjà réalisé un rêve similaire au vôtre. Généralement, elles seront très heureuses de vous fournir de l'information et même des conseils. Le « copier-coller » peut vous faire gagner énormément de temps. Si personne ne peut vous aider, consultez Internet et vous y trouverez des conseils utiles.

3. Fixez-vous des échéanciers précis. Votre plan doit être défini dans le temps. La date butoir de chacune de vos étapes ne doit pas être « un jour plus ou moins lointain » mais un moment précis.

4. Travaillez tous les jours à la réalisation de votre rêve; vous ne devez pas vous en occuper seulement à l'occasion, une fois par semaine ou une fois par mois. Vous devez vous concentrer au quotidien sur votre rêve et l'étape que vous êtes en train de réaliser en ayant recours à la visualisation. Il vous faudra faire preuve de détermination et de persévérance. Par conséquent, vous devrez refuser d'accepter les refus! Jack Canfield, l'auteur du livre *Bouillon de poulet*, qui en a vendu plus de 110 millions d'exemplaires, a sollicité 129 éditeurs

avant de réussir à publier son premier livre. Il a subi 128 refus mais a refusé d'accepter ces refus. Le Colonel Sanders a sollicité 311 hommes d'affaires et institutions financières avant d'obtenir le financement nécessaire à l'ouverture de son premier restaurant PFK. Il a encaissé 310 refus mais il a refusé de les accepter. Aujourd'hui, il y a plus de 12 000 restaurants PFK dans 26 pays. C'est la loi des grands nombres. Ce n'est pas une question de logique mais bien de mathématique. Il y aura toujours quelqu'un, quelque part, prêt à vous dire OUI! Si vous ne réussissez pas à entrer par la porte avant, entrez par la porte arrière. Si c'est impossible par la porte arrière, passez par la fenêtre. Si la première personne avec qui vous avez communiqué a refusé votre idée, entrez en contact avec son supérieur hiérarchique et ainsi de suite jusqu'au plus haut échelon s'il le faut. Essayez sans relâche et ne renoncez jamais. Et n'oubliez pas que, lorsqu'une porte se ferme, il y a toujours une fenêtre qui s'ouvre. Rappelez-vous aussi que les rencontres personnelles ont toujours plus d'impact qu'un courriel ou qu'un appel téléphonique.

5. Faites régulièrement de la visualisation en y mettant de l'émotion. Plusieurs livres sur le sujet pourront vous aider.

Je crois fermement que si vous accomplissez régulièrement ces cinq gestes, vous réaliserez tous vos rêves et là, des personnes vous qualifieront de chanceux. Pourtant, dans les faits, la chance n'est pas le fruit du hasard, mais la combinaison de deux choses : l'opportunité et la préparation.

L'opportunité se présente toujours lorsque vous cherchez réguliè-rement quelque chose. Cherchez-vous assidûment quelque chose ? Les personnes qui désirent vraiment réaliser un rêve cher-chent constamment les éléments permettant de le réaliser, et la force d'attraction qu'est cette puissance créatrice incroyable vous permet de les trouver. La préparation, elle, relève uniquement de vous. Par exemple, vous cherchez depuis des années une petite ferme, pas loin de la ville, en bas d'une vallée, au bord d'une belle rivière et ce, à prix d'aubaine. Après des mois de recherches intensives, l'opportunité se présente. Avez-vous suffisamment d'argent pour l'acquérir ? Si la réponse est oui, c'est que votre préparation pour l'obtenir était appropriée. Par ailleurs, n'oubliez jamais une chose très importante : Quand l'opportunité passe, sautez dessus et n'attendez pas un autre deal du siècle car il y a peu de chances que vous viviez assez vieux pour en avoir un autre. Quelques milliers de dollars de plus sur vingt-cinq ans représentent des clopinettes pour réaliser son rêve.

Cessons donc de ruminer nos problèmes et nourrissons plutôt nos rêves et nos passions. Les rêves créent les besoins, et les besoins engendrent les moyens de réaliser les rêves. La raison ne doit pas être un frein à la passion. Ne passons pas à côté de notre vie pour une question de raison. Il est préférable de vivre ses passions plutôt que ruminer ses déceptions. Si vous ne savez pas quoi faire dans la vie, voici une bonne stratégie :

- Pensez à ce qui vous passionne le plus et faites-en une liste.

- Cernez les aspects dans lesquels vous excellez ou semblez avoir le plus d'aptitudes ou d'intérêt et qui pourraient vous permettre de gagner votre vie.

- Foncez, travaillez et vous réussirez.

Si vous travaillez déjà et que votre emploi vous déplaît, changez d'orientation. Empruntez, s'il le faut. Trois ou quatre ans dans une vie, ce n'est rien pour arriver à trouver un travail intéressant qui occupera 50 % de votre temps. On parle régulièrement de l'importance de préserver ses cinq sens afin de pleinement profiter de la vie, alors que, dans les faits, on en a un sixième qu'on oublie souvent : c'est le sens qu'on donne à sa vie.

À propos de la passion, remarquez qu'il n'est pas obligatoire d'en avoir une pour réussir sa vie. Toutefois, ce sont les passionnés qui font régulièrement évoluer l'humanité et qui réussissent généralement le mieux dans la vie. Je dis « généralement » parce qu'une passion négative, comme le jeu, peut anéantir toute une vie. Je vous encourage donc fortement à développer une passion positive.

Notez que je n'ai rien contre les personnes qui n'ont pas de rêves, de passions, d'ambition et qui ne prennent pas les moyens pour atteindre leurs objectifs, mais elles doivent assumer leur situation. Lorsqu'on n'a pas de but, on ne peut pas compter de points. Ne pestez alors pas contre la société et ceux qui réussissent. Rien ne se gagne sans effort. Si vous ne savez pas quoi faire pour réussir, voici un truc fort simple : regardez agir ceux qui réussissent et faites comme eux ! Par ailleurs, si vous êtes heureux, continuez de la même façon, c'est ce qui est important.

N'oubliez pas non plus que nous transmettons généralement nos valeurs et nos peurs à nos enfants. L'être humain enregistre sur son disque dur des visions qui deviennent des programmations conscientes ou inconscientes, qui conditionnent à leur tour ses orientations et ses comportements. Cela explique, en partie, que des professions ou des métiers se transmettent de père en fils.

Il faut avoir le courage de répondre à ses propres désirs et de suivre ses intuitions si on ne veut pas se dire, un jour, qu'on aurait dû faire telle ou telle chose… qu'on avait le potentiel ou le talent de… qu'on aurait pu… si… mais… Il n'est jamais trop tard pour vivre une passion et réaliser des rêves. N'attendez pas qu'on vous annonce que vous allez mourir pour commencer à vivre ! Notre avenir est derrière nous lorsque nous cessons de rêver. Dernièrement, une dame de 92 ans a terminé un baccalauréat, et un homme de 100 ans a fait du ski nautique ; ils ont réalisé leur rêve. L'âge ne doit pas être l'élément qui nous arrête de rêver. Ce n'est pas l'âge qui va me dicter ce que je dois rêver et quand je dois cesser de travailler. C'est uniquement moi qui déciderai. En passant, être vieux ne génère pas automatiquement de vieilles idées ; au contraire, vous devriez voir toutes les idées que j'ai dans la tête à certains moments ! Plutôt que de rêver toute votre vie, faites de votre vie un rêve et de votre rêve une réalité. En ce qui me concerne, j'ai déjà dressé la liste de mes rêves pour ma prochaine vie.

La visualisation nourrit le rêve, et se fixer une échéance pour le réaliser nous incite à être plus actif. N'ayez pas peur de vous projeter dans l'avenir et d'agir comme si vous alliez réussir. Ce sont toutes nos pensées qui orientent notre destinée. Ce que vous deviendrez dans cinq ans sera grandement déterminé par les lectures que vous aurez faites, les personnes que vous aurez fréquentées, les pensées qui vous auront habité et les objectifs que vous vous serez fixés. Si la visualisation est régulièrement pratiquée par des sportifs, des artistes et qu'elle produit des résultats étonnants, elle peut également contribuer à votre succès. J'ai moi-même bénéficié de la force de la visualisation dans ma vie personnelle et ma vie professionnelle. Voici quelques exemples.

• Même si j'étais régulièrement le dernier de ma classe à l'école, quand je me couchais le soir, je fermais les yeux et je me voyais étudiant à l'université et recevant mon diplôme. C'est donc arrivé.

• Quand je suivais mes cours d'administration, je disais qu'un jour je trouverais une nouvelle façon de diriger les organisations, laquelle concilierait performance et bonheur. Cela s'est réalisé avec la PPLP.

• Au cours de ma carrière, j'ai fréquemment imaginé qu'un jour j'occuperais un poste qui m'amènerait à voyager régulièrement en avion (je me voyais même déjà dans celui-ci). Ce fut le cas durant mon dernier mandat à titre de directeur général du Centre hospitalier Rouyn-Noranda.

- Au cours de cette période, je répétais souvent aux cadres qui travaillaient à mes côtés : « il est important que nos bottines suivent nos babines en ce qui concerne la philosophie de gestion que nous expérimentons. Il ne faudrait pas avoir l'air ridicule quand l'équipe de l'émission *Enjeux* de Radio-Canada va venir faire un reportage sur la PPLP. » Or, personne ne m'avait encore contacté à ce sujet. Eh bien, un jour, un journaliste de Radio-Canada m'a téléphoné pour me faire part de son désir de réaliser ce projet. Incroyable, n'est-ce pas ?

- Dans la même foulée, je disais, à l'occasion à ces mêmes cadres : « Si vous vivez des expériences qui peuvent alimenter mes réflexions à l'égard du livre que j'écris sur la PPLP, j'aimerais que vous m'en fassiez part. » Or, à ce moment-là, aucune ligne n'avait encore été écrite, je prenais uniquement des notes. Et maintenant, vous êtes en train de lire la deuxième édition de cet ouvrage… La première édition est devenue un *best-seller* qui a remporté la Mention honorable du jury pour le Prix du meilleur livre d'affaires, décerné à HEC Montréal, en plus d'avoir été finaliste dans la catégorie meilleur livre en gestion des ressources humaines. Par ailleurs, depuis quelques années, je présente des conférences sur la PPLP à travers le Canada et dans divers pays. Or, pour moi, la réussite comme conférencier était d'arriver à faire une conférence au Théâtre Capitole à Québec et en France. Je partageais régulièrement ce rêve avec ceux que je côtoie et je leur répétais que je finirais par le réaliser. Croyez-le ou non, un jour, j'ai reçu d'une association de Lyon un courriel m'invitant à présenter ma conférence en France. Depuis, j'en ai fait en Belgique, au Maroc, en Jamaïque et cinq au Théâtre Capitole à Québec… incroyable !

- Il y a quelque temps, j'affirmais que la PPLP révolutionnerait le monde de l'administration. C'est ce qui se produit présentement, alors que des centaines d'organisations l'adoptent comme mode de gestion. Elle devient aussi une référence dans les formations universitaires en administration. On peut dire qu'on attire ce qu'on projette !

Dans le dernier établissement de santé que j'ai dirigé, nous avions deux grands rêves : le premier, c'était que cet établissement devienne le plus dynamique de la province de Québec ; le deuxième, c'était qu'il soit le plus performant. Parallèlement à la poursuite de ces deux grands rêves, nous avons encouragé les plus petites aspirations nées dans les directions et les services, lesquelles se sont transposées en objectifs et ont mené à la réalisation de projets très intéressants.

En ce qui concerne le premier rêve, je crois sincèrement que nous l'avons atteint. Quant au deuxième, même si nous ne sommes pas totalement parvenus à le réaliser dans le délai fixé, ce fut un succès éclatant si je considère le point de départ et celui d'arrivée.

Quand j'ai eu à partager et à concrétiser un rêve professionnel, je me suis généralement heurté à trois types de problèmes qui correspondent, en fait, à trois profils d'individus :

• Tout d'abord, il y a les « éteignoirs » et vous en trouverez probablement dans votre organisation : « À quoi ça sert, un rêve ? Qu'est-ce que ça donne ? On est bien comme ça ! On n'a pas besoin de ça, un rêve ! » Ce sont les négatifs dans l'âme. Peu importe ce que vous proposez, ces personnes ont la capacité de vous éteindre. À cet égard, ne laissez jamais personne éteindre vos passions ou vos rêves. On sait qu'un petit mot, une petite phrase, peut détruire quelqu'un ou le faire réussir. De grâce, n'accordez de l'importance qu'aux commentaires positifs.

• Ensuite, il y a les « Ouimet » : Oui, mais là, on n'a pas d'argent ! Oui, mais là, on n'a pas le temps ! Oui, mais les employés n'adhéreront pas ! Oui, mais le syndicat va refuser ! » Oui, mais… Oui, mais… Les « oui, mais », ce sont les « breakeux », les « poseux » de barrières. Vous en connaissez sûrement !

• Finalement, il y a bien sûr les « Yvon » ! Il n'y aurait pas d'organisation sans les « y vont » : « Qu'est-ce qu'y vont penser ? Qu'est-ce qu'y vont dire ? Qu'est-ce qu'y vont faire ? Qu'est-ce qu'y vont croire ? » Les « y vont », les peureux…

Pourquoi sommes-nous confrontés à ces trois types d'individus ? Parce que, pour réaliser un rêve, il faut y travailler, y consacrer de l'énergie, persévérer. Vous savez ce que ces personnes disent ? « On est ben fatigués, et si, en plus de travailler, il faut rêver, on va capoter ! » Pour contrer ce négativisme, il faut absolument solliciter leur collaboration et les impliquer. Les impliquer temporairement sur une base permanente… Vous comprenez ce que je veux dire. OCCUPEZ-LES INTENSIVEMENT.

CE CONSTITUANT
DANS L'ORGANISATION

Pour intégrer ce constituant au sein de l'organisation, je suggère :

✔ De tenir compte de la culture de l'entreprise, des enjeux et des personnes déjà en place.

✔ De s'assurer de l'adhésion des membres du conseil d'administration à la philosophie de gestion de la PPLP si on désire officiellement l'adopter.

✔ De faire une réflexion sur le rêve qu'on désire réaliser.

✔ De partager la réflexion avec les cadres de la haute direction, puis avec les cadres intermédiaires et avec quelques leaders naturels.

✔ D'associer les syndicats à la démarche puisqu'ils sont habituellement très réceptifs aux approches novatrices visant à améliorer la qualité de vie de leurs membres.

✔ De s'assurer que des crédits sont dégagés afin d'avoir les moyens de réaliser le rêve.

✔ D'établir un échéancier avec des objectifs à court, à moyen et à long terme.

✔ De faire du renforcement positif pour que la « contamination » s'effectue de jour en jour, de semaine en semaine, de mois en mois.

✔ D'isoler ou d'impliquer les éléments négatifs afin de les neutraliser.

2

Cristallisons
nos valeurs

Les valeurs sont les fondations d'une organisation. Elles correspondent à des croyances, à une façon d'être, de faire. Elles sont la boussole, le repère. Malheureusement, de nos jours, lorsqu'on parle de la notion de « valeur », on l'associe souvent à un prix, alors qu'auparavant les valeurs n'avaient pas de prix. De plus, on a tendance à se définir par ce qu'on possède et ce qu'on fait, alors qu'on devrait s'identifier à ce qu'on est, c'est-à-dire nos valeurs.

Il y a toujours quatre valeurs fondamentales inhérentes au plaisir : le respect, la loyauté, la solidarité et la transparence. Curieusement, ce sont les mêmes que l'on retrouve dans toute équipe gagnante. On peut évidemment en ajouter, mais il faut au moins que celles-ci soient présentes si on veut créer un bon climat organisationnel.

Dernièrement, le directeur général d'un centre financier aux entreprises Desjardins et un directeur d'Hydro-Québec m'ont informé que l'ensemble de leur personnel avait décidé de préconiser « le plaisir au travail ». Je n'aurais jamais pensé que des organisations auraient le courage d'adopter le plaisir comme valeur. Bravo !

LE RESPECT

Quand il y a du plaisir, il y a nécessairement du **respect.** Ça va tellement de soi que je pense qu'il est inutile de commenter.

Dans le milieu de travail aussi, le respect doit être omniprésent. Cela signifie qu'on doit se respecter soi-même, se faire respecter et respecter les autres. Le respect inclut automatiquement l'intégrité et la justice.

Dans les organisations que j'ai dirigées, j'ai toujours veillé à ce que personne ne soit le serviteur ni la boniche de quelqu'un d'autre. Cette attitude nous amène à considérer les êtres humains pour ce qu'ils sont et non pour ce qu'ils font. Si vous êtes dans l'organisation, vous êtes essentiel à celle-ci. Donc, tolérance zéro en ce qui concerne le manque de respect. C'est la responsabilité des cadres de faire comprendre cette valeur et d'intervenir auprès des personnes qui se penseraient plus importantes que d'autres. Et celles-là, on les trouve partout, vous en savez quelque chose !

LA LOYAUTÉ

La notion de **loyauté** est étroitement associée à celle de plaisir. Exemple : Je décide d'aller faire du ski à Mont-Tremblant avec un couple d'amis. Au centre de ski, je ne vais pas délaisser ces gens pour me joindre à un autre couple rencontré par hasard sur les pentes. Je suis loyal à mes amis.

Dans une organisation, on oublie souvent que la loyauté est une valeur fondamentale à respecter si on ne veut pas se promener avec un gilet pare-balles ou le dos au mur, à plus forte raison lorsqu'on est cadre ou qu'on fait figure d'autorité ! On pense souvent que la liberté d'expression nous permet de dire n'importe quoi. Erreur, très grave erreur !

Nous avons tous une obligation de loyauté ; tout d'abord, envers notre patron ; ensuite, envers l'organisation. C'est écrit en toutes lettres dans la législation relative au travail. Et pourquoi cette valeur est-elle si importante qu'elle fait l'objet de précisions dans la loi ? Parce qu'elle repose simplement sur la logique suivante : tu ne mords pas la main qui te nourrit. Alors, si la nourriture ne te convient pas, change de fournisseur. Personne n'est en prison dans une organisation.

Nous avons tous, aussi, une obligation de civilité. La civilité, c'est ce qui assure des rapports de qualité entre les personnes qui travaillent au sein d'une organisation afin d'atteindre les objectifs de celle-ci. Elle est donc essentielle à son bon fonctionnement. L'obligation de civilité figure également dans la législation. Dans les organisations où j'ai travaillé, il nous est déjà arrivé de suspendre et même de congédier des personnes qui manquaient de loyauté et de civilité. Cela n'est pas rare : un nombre impressionnant d'arbitrages le prouve.

La loyauté est une valeur fondamentale parce que malheureusement, il y a toujours les « bitcheux », ces spécialistes du non verbal et du sous-entendu, qui font de leurs suppositions des vérités et qui « plantent » leurs collègues et leur patron, sous le sceau de la confidentialité. Il y en a sûrement dans votre organisation. Exemple : En réunion, pendant qu'un collègue ou un patron parle, je regarde mes vis-à-vis et fais une grimace. Je n'ai rien dit, mais qu'est-ce qu'ils ont compris ? Que je pense qu'il déconne à pleins tuyaux !

Autre exemple. Un collègue vient me voir en me disant :

« Si j'étais à ta place, je ferais attention à un tel ou une telle.

— Qu'est-ce que tu veux dire ?

— Rien ! »

Ou l'autre qui me dit :

« De source très bien informée, il paraît qu'une telle… Pouf ! Pouf ! Pouf !

— Qui t'a dit ça ?

— C'est confidentiel ! »

Ou encore l'autre, le « bitcheux » stratège qui partage avec nous ses états d'âme, son inconfort, son incompréhension envers un geste ou une décision de son collègue ou de son patron, en prenant bien soin de dire que celui-ci n'a certainement pas fait cela pour mal faire. Il se garde un petit filet de sécurité au cas où ses propos seraient rapportés à la personne concernée, mais en même temps, il sort le rouleau compresseur et écrase son collègue en entachant sa réputation et en minant sa crédibilité.

Les « bitcheux » sont très souvent ceux qui déclenchent et disséminent les rumeurs qui détruisent la réputation d'individus, de services et d'organisations. Ce sont des gens qui empoisonnent le climat dans leur milieu de travail. Qu'elle soit avérée ou non, la rumeur qu'ils génèrent s'amplifie au fur et à mesure qu'elle se répand. En mettant leur *switch* à *bitch,* ils causent parfois des torts irréparables.

L'image que j'ai d'un « bitcheux », c'est celle d'un individu qui monte au deuxième étage d'un édifice en tenant dans ses mains une taie d'oreiller pleine de plumes. Il en laisse des milliers partir au vent, puis à un moment donné, il réalise qu'il n'aurait pas dû faire ça : « On m'avait mal informé ! On m'a induit en erreur ! Je vais redescendre et ramasser les plumes. » Il va en récupérer, mais il ne les ramassera jamais toutes. Et savez-vous ce que ça fait, des plumes ? Elles restent accrochées au même endroit un certain temps, mais quand arrive un coup de vent, elles se déplacent pour aller polluer ailleurs.

Nous avons tout intérêt à mettre un frein au « bitchage » et, pour ce faire, les stratégies suivantes peuvent être utilisées :

- *Remonter l'information*. Quelqu'un vous dit : « Confidentiellement, de source bien informée, il paraît que... » ? Demandez-lui qui lui a transmis l'information. Lorsqu'on est le patron, on peut se servir de son statut et exiger une réponse. Vous verrez, il est assez rare que la personne continue d'agir de la sorte par la suite. J'ai été à même de constater que, souvent, les gens disent «il paraîtrait que... » ou encore «c'est confidentiel» alors qu'ils veulent en fait passer leur propre message !

- *Utiliser la passoire*. C'est une petite stratégie de communication qui consiste à informer les personnes avec lesquelles vous travaillez de ceci : si vous avez une information à me transmettre sur une personne, assurez-vous qu'elle contient toujours trois éléments : elle est vraie, utile et bienveillante. Voici d'ailleurs la réplique inscrite sur une affiche que plusieurs personnes ont déjà placée sur leur bureau, leur porte de bureau ou de casier.

**Vous désirez me transmettre
une information sur quelqu'un.**

CELLE-CI EST-ELLE VÉRIDIQUE?

EST-ELLE UTILE?

FAIT-ELLE DU BIEN?

Si vous répondez non à l'une de ces questions, je ne veux pas connaître cette information, car elle n'apportera rien de constructif. Surtout, ne perdez pas votre temps à la retransmettre car, tôt ou tard, vous en subirez les conséquences.

Un cadre qui éprouvait de sérieuses difficultés dans son équipe a affiché ce message dans son service et en a remis une copie à tous les membres de son personnel. L'effet a été instantané.

LA SOLIDARITÉ

Je reprends mon exemple du ski pour démontrer le lien étroit entre le plaisir et la **solidarité.** En roulant sur l'autoroute, je vois mon ami avoir une crevaison, perdre le contrôle de son auto et faire toute une embardée dans un banc de neige. Il est bien certain que je ne passerai pas à côté de lui en criant: «On se rejoindra à Mont-Tremblant! On va chauffer le foyer en t'attendant!» Évidemment, je m'arrête pour l'aider.

Dans une organisation, lorsqu'une décision a été prise et que j'ai eu l'occasion d'exprimer mon point de vue, je me dois de respecter cette décision, même si elle ne correspond pas à ce que je souhaitais. Comme employé, j'ai intérêt à rester solidaire avec les membres de mon équipe qui ont pris la décision si je ne veux pas en être éjecté. Comme cadre, je n'ai pas le choix, je dois démontrer ma solidarité. C'est une question d'éthique.

Par ailleurs, « solidaire » ne veut pas dire « suicidaire », et l'enquête de la Commission Gomery sur le scandale des commandites au gouvernement canadien nous a bien montré les limites à ne pas dépasser. Nous avons tous une obligation de loyauté envers notre patron, mais nous en avons également une envers l'organisation. Nos comportements doivent donc toujours être légaux et moraux.

Comment peut-on, alors, être loyal et authentique ? En étant honnête et transparent. Peu importe ce qui arrivera, si vous avez toujours fait preuve d'honnêteté et de transparence, vous pourrez admirablement défendre votre honneur, d'autant plus si vous avez pris soin de laisser des écrits.

LA TRANSPARENCE

Là où il y a du plaisir, il y a généralement de la **transparence.** Habituellement, on dit ce qu'on a à dire, ce qu'on veut, ce qu'on ne veut pas, et les personnes connaissent ainsi assez rapidement nos limites et nos attentes. Mais ce qui compte, c'est la façon de dire ce qu'on a à dire. On gagne du temps et on économise de l'argent lorsqu'on dit les vraies choses au bon moment.

Dans une organisation, on doit avoir la capacité et le courage de parler des vraies choses. S'il y a un problème, on en discute uniquement avec les bonnes personnes. En contrepartie, il faut aussi être capable de recevoir ce que les gens ont à nous dire sans personnaliser les débats. Dire ce qu'on pense et appuyer ce qu'on dit, ce sont les deux règles de base de la transparence. Mettre ces règles en pratique avec les employés garantit notre crédibilité.

Dans les organisations où j'ai travaillé, j'ai toujours passé ce que j'appelle un contrat psychologique avec chacun des cadres qui m'entouraient et avec les personnes qui exerçaient un pouvoir de supervision : « Je m'engage à prendre fait et cause pour toi si tes comportements sont moraux. Peu importe ce qui peut arriver, je ne te ferai ombrage d'aucune façon. Je m'engage également à respecter les quatre valeurs suivantes : respect, loyauté, solidarité et transparence. En contrepartie, je m'attends au même engagement de ta part. Es-tu d'accord ? » Une poignée de main confirme l'entente. Ce contrat ne suppose pas que nous n'aurons jamais une bonne discussion entre quatre yeux, mais il implique une liberté totale d'expression, un solide lien de confiance et la « non-personnalisation » des débats.

Comme directeur général, j'ai conclu cette entente avec les cadres supérieurs qui, à leur tour, l'ont nouée avec les cadres intermédiaires qui, dans plusieurs cas, ont fait de même avec le personnel. Imaginez la force que génère une telle démarche dans une organisation.

Dans toute ma carrière, je n'ai essuyé le refus que d'une seule personne. Un an après, j'ai compris pourquoi, lorsque six cadres de ma direction m'ont dit qu'ils ne voulaient plus travailler avec elle. À la suite d'une investigation, je suis arrivé à la conclusion que cette personne ne pouvait plus faire partie de l'organisation, même si elle était extrêmement compétente.

Par ailleurs, comme vous le savez sans doute, les courriers électroniques (*emails*) sont régulièrement utilisés dans les organisations et on peut y joindre des copies conformes (cc), ce qui est utile et même nécessaire à l'occasion. Or, dans plusieurs logiciels de correspondance, on retrouve aussi les « ccc », c'est-à-dire les copies conformes cachées, ou « cci », copies conformes invisibles. Eh oui ! Cette fonction est de plus en plus utilisée et elle démontre un mode de fonctionnement qui est aux antipodes de la transparence, de la solidarité et, par conséquent, de l'esprit d'équipe. Je crois sincèrement que ces personnes sont hypocrites. Cette façon de procéder témoigne de leur incapacité à communiquer et à régler convenablement les problèmes qui semblent les préoccuper ; si on croit au respect dans une organisation, une telle pratique devrait être interdite.

Je pense que le gros bon sens nous amène à adopter certaines valeurs dans une organisation, et que celles-ci doivent être connues et respectées de tous, sans exception. Si elles ne le sont pas, il ne faut pas hésiter à utiliser les trois « con ». Vous connaissez ? On *con*vainc, on *con*traint, on *con*gédie. Cela peut sembler radical, mais ce ne l'est pas du tout.

Tous les ordres professionnels et toutes les fédérations sportives ont des règles selon lesquelles une personne peut être suspendue, même radiée. Nos organisations en ont aussi. Elles se présentent sous forme de politiques, de directives, d'avis et de notes de service, des outils qui permettent aux responsables, lorsque cela s'impose, de prendre des mesures disciplinaires allant de l'avertissement jusqu'au congédiement, en passant par la suspension. Pourquoi ne pas établir des règles imposant le respect des valeurs ? Rien ne nous en empêche.

Dans la plupart des organisations qui ont des conventions collectives, on gère uniquement en fonction de celles-ci. On oublie que tout ce qui n'est pas dans les conventions relève de l'exercice du droit de gérance, tel qu'il est écrit en toutes lettres dans la législation relative au travail.

Dans certaines conventions des secteurs public et parapublic, on a même pris soin d'y faire référence. D'ailleurs, les représentants syndicaux sont les premiers à réclamer, à juste titre, que les patrons mettent leurs culottes et établissent des règles pour clarifier certaines zones grises. Il n'y a rien de plus difficile à gérer, tant pour la partie syndicale que patronale, que des situations nébuleuses où l'attitude et le comportement de cadres ou d'employés sont inconvenants.

Dans la vie, chaque famille vit selon son propre code de valeurs. Eh bien, une organisation, c'est une grande famille où les valeurs doivent faire partie du quotidien. Ce ne sont pas que des mots écrits dans un beau document qu'on regarde une fois tous les cinq ans. Il est important de se les rappeler à l'occasion au cours des réunions et de se demander si on est toujours en harmonie avec elles. Il est même souhaitable que la liste des valeurs préconisées soit affichée bien en vue à certains endroits. Les valeurs doivent faire partie intégrante de notre vie, elles ne doivent pas exister que par écrit... Les objectifs d'une organisation peuvent changer pour différentes raisons, mais jamais les valeurs.

Dans le but de rappeler l'importance des valeurs et de faire en sorte qu'elles soient présentes au quotidien dans l'organisation, je suggère d'organiser une activité permettant de reconnaissance. Je cite en exemple Teknion Roy et Breton inc., une compagnie de fabrication de meubles, qui, à mon avis, est le modèle parfait en ce qui a trait à la gestion. Il a décidé, entre autres, d'organiser des jeux olympiques basés sur six valeurs : le travail d'équipe, l'excellence, le dépassement, le plaisir, le respect et le « wow ! » (le condensé des cinq autres). Ces valeurs ont été retenues à la suite d'un processus de consultation. Chacune d'entre elles représente un anneau des jeux olympiques sur un grand tableau placé dans chaque service.

Plusieurs fois dans l'année, le personnel de chaque service désigne, par vote secret, les personnes ayant le mieux respecté chaque valeur. Le nom de l'employé ayant récolté le maximum de votes pour chaque valeur est inscrit dans le cercle représentant cette valeur, chaque cercle correspondant aux anneaux du drapeau olympique. Au terme de chaque période de compétition qui dure quelques mois, on détermine les gagnants pour chaque valeur. Le nom de ces employés est par la suite placé dans une capsule qui est déposée dans un baril. À la fin de la compétition, les médaillés d'or, d'argent et de bronze, accompagnés d'une personne de leur choix, gagnent un voyage aux prochains Jeux olympiques.*

En passant, le président de cette compagnie, qui connaît beaucoup de succès dans un marché très difficile, croit fermement, tout comme moi, que les gens heureux produisent plus et mieux.

Ce type de renforcement à l'égard d'objectifs ou du respect des valeurs est également utilisé par un entraîneur de hockey, qui transpose sur un tableau les cinq ronds de la patinoire, ainsi que par un enseignant de mathématiques avec ses élèves. Tous deux connaissent d'éclatants succès.

Par ailleurs, il existe trois façons de procéder pour définir les valeurs d'une organisation :

1. Vous (les membres de la direction) les décrétez, ce qui est très correct.

---

* On peut facilement adapter ce modèle à différentes valeurs et à différentes formes de reconnaissance (voyages dans le Sud, journées de congé, bonus, etc.)

2. Vous laissez le personnel les déterminer par une consultation, ce qui est bien mais ne rejoindra peut-être pas totalement vos préoccupations.

3. Vous en suggérez quelques-unes et vous demandez au personnel de les compléter; c'est ce que je préfère.

De plus, les valeurs doivent être « sanctionnables », c'est-à-dire que vous pouvez, selon qu'elles sont respectées ou non, prendre rapidement des mesures appropriées : envoyer une lettre de félicitations ou une lettre disciplinaire.

Je crois sincèrement qu'une organisation qui n'établit pas de valeurs, n'a pas de valeur ; si vous travaillez dans une telle organisation, vous devriez chercher un emploi ailleurs.

CE CONSTITUANT
DANS L'ORGANISATION

Pour intégrer ce constituant au sein de l'organisation, je suggère :

✔ D'adopter des valeurs après avoir mis en place un processus de consultation.

✔ De passer un contrat psychologique avec chacun des cadres et avec les personnes qui exercent un pouvoir de supervision.

✔ D'informer le personnel et chaque nouvel employé des valeurs qui prévalent dans l'organisation.

✔ D'afficher la liste des valeurs à des endroits stratégiques et de rappeler les valeurs à l'occasion, notamment au cours des réunions.

✔ De rédiger un code d'éthique à l'intention des cadres.

✔ De faire signer un engagement sur le savoir-être attendu tel que suggéré au chapitre 3.

✔ De stimuler le respect des valeurs au moyen du renforcement positif (offrir des sommes en argent, des congés, des vacances, etc.).

✔ De relever les écarts de conduite et de prendre les mesures appropriées pour éviter qu'ils soient répétés, peu importe le statut de la personne qui les a commis.

3

Adoptons les bonnes attitudes

Dans la vie en général, les personnes qui n'ont pas de bonnes attitudes sont rapidement écartées et même rejetées. Dans les organisations, par contre, nous éprouvons souvent de la difficulté à régler des situations conflictuelles dues à de mauvaises attitudes. Que voulez-vous, dans les universités ou les écoles spécialisées, on nous apprend généralement à développer le savoir-faire, mais pas le savoir-être. Et pourtant, l'absence de savoir-être compromet souvent le savoir-faire.

Au début de ma carrière, je travaillais comme vérificateur d'impôt pour le Revenu national. C'était très excitant! C'était d'ailleurs à l'époque où y travaillaient les fameux frères «Pôt», c'est-à-dire Alain et Alex (à l'impôt et à l'expo !) qui, en passant, étaient les cousins des frères « Térieur » (à l'intérieur et à l'extérieur !).

Toujours est-il qu'après trois ans dans cette belle fonction, j'ai senti le besoin de faire le point, car l'impôt n'était pas ma tasse de thé. Je trouvais le travail assez pénible, surtout quand j'étais obligé de partir de Québec par des journées sombres et pluvieuses d'automne et de traverser le parc des Laurentides pour atteindre des endroits assez éloignés.

Donc, un matin, par une de ces journées tristes et mornes où je n'avais pas le cœur à la fête, j'ai pris la route pour me rendre à Chibougamau. Juste avant de m'engager sur l'autoroute, je me suis arrêté dans une pharmacie pour acheter un journal. Attendant mon tour pour passer à la caisse, j'ai aperçu juste à mes côtés un présentoir à lunettes. Le faisant tourner, j'ai pris une paire de lunettes jaunes et que j'ai portée à mon visage. D'un seul coup, tout s'est illuminé autour de moi. Les néons du plafond sont devenus des soleils éblouissants. On aurait dit que toutes les personnes dans la pharmacie arrivaient d'Acapulco (elles étaient toutes bronzées). Même la pluie, qui coulait à verse à l'extérieur, m'apparaissait comme un flot de perles scintillantes. J'étais estomaqué. La situation était demeurée la même, mais ma perception avait changé radicalement. J'ai acheté les lunettes et je suis parti vers ma destination.

Par la suite, chaque fois que j'avais à me déplacer dans l'exercice de ma fonction et que le temps était maussade ou que je n'étais pas au mieux de ma forme, je mettais mes lunettes jaunes, et bingo ! Vive l'impôt ! C'est ce qui m'a permis de passer une quatrième année à ce poste.

Un jour, j'ai raconté cette anecdote au président-directeur général d'une importante société. Il a fait acheter 53 paires de lunettes jaunes, une pour chacun des vice-présidents et des directeurs qui travaillaient avec lui, et les leur a fait parvenir avec la note suivante :

> *Cher collègue,*
>
> *Vous trouverez ci-joint des lunettes jaunes. Dorénavant, lorsque vous aurez un problème qui vous semble insoluble, prière de les porter afin de trouver les solutions appropriées avant de venir me rencontrer.*

Quelques mois plus tard, ce PDG m'a annoncé que l'attitude de plusieurs des cadres de son équipe avait totalement changé et qu'un *running gag* sur les lunettes jaunes était repris régulièrement au cours des réunions.

Par ailleurs, dans un laboratoire d'appareils scientifiques, la direction a fait installer, à côté de l'horodateur, un support pour 10 paires de lunettes jaunes avec l'inscription suivante : *Si vous entrez travailler fatigué ou déprimé, veuillez porter une paire de lunettes pour vous «péper»; une fois votre entrain retrouvé, replacez-la sur le «lunetier».* Selon la direction, les porteurs de lunettes se font taquiner et, à la pause-santé, celles-ci sont généralement toutes remises à leur place.

Toute organisation a une fonction bien définie, et chaque membre du personnel en a une également. Si on est au service d'une entreprise, c'est qu'un jour on a sollicité un poste qu'on désirait obtenir. On a été embauché pour jouer un rôle, pour accomplir une tâche bien précise. Et rappelons-nous tout ce qu'on a affirmé pour l'obtenir, ce poste ! On était le plus compétent, le plus performant, le plus dynamique. En fait, on était le «meilleur candidat» ! On a fait un choix, et personne ne nous a tordu le bras pour qu'on le fasse, ce choix.

Alors, que doit-on faire quand on arrive au travail ? On doit entrer en scène, jouer son rôle et livrer la marchandise ! C'est ce que font d'ailleurs très bien des milliers de gens, comme les acteurs, les chanteurs, les sportifs, les personnes qui travaillent dans le domaine de l'hôtellerie et de la restauration : les comédiens de *Broue*, qui ont joué la pièce plus de 2 500 fois ; l'équipe du magazine télévisé *Flash*, qui a présenté plus de 2 000 émissions ; le portier du Château Frontenac, qui, pendant huit heures chaque jour, ouvre la porte avec le sourire fendu jusqu'aux oreilles ; la serveuse qui nous sert avec une grande gentillesse comme si nous étions le premier client de la journée même si elle est rendue à la fin de son quart de travail.

Croyez-vous que ces personnes n'ont pas de problèmes avec leurs parents, leurs enfants, leur conjoint ou leur patron ? Bien sûr que oui, elles en ont, tout comme nous ! Mais elles entrent en scène, jouent leur rôle et livrent la marchandise.

Nous devons réaliser que nous n'avons pas seulement des droits et des privilèges au sein de nos organisations ; nous avons aussi des obligations. Évidemment, on peut prétexter que, lorsqu'on a des problèmes avec son conjoint ou ses enfants et que, le matin, on part perturbé de la maison, on ne peut pas briller par son dynamisme en arrivant au travail. On est toujours la même personne, n'est-ce pas ? Après tout, nous sommes des êtres humains ! C'est exact, sauf que nous devons nous rappeler que la différence entre notre résidence et notre lieu de travail réside dans le fait que, au travail, NOUS SOMMES PAYÉS ! Voilà toute la différence !

Imaginez que vous allez voir Céline Dion en spectacle. Elle arrive sur scène mal vêtue, l'air fatigué, les yeux cernés, et dit au public : « Ce soir, je ne suis pas vraiment en forme, je viens de me chicaner avec René, alors le spectacle va durer une heure et demie au lieu de deux heures. » Quelle serait votre réaction ? Vous diriez : « Ma belle Céline, je viens de payer 200 $ pour voir ton spectacle, alors remue-toi les baguettes et même les claquettes ! »

Dans les faits, avouons-le, les problèmes que vivent les personnes dont il a été question précédemment ne nous affectent pas tellement. Ce qu'on veut, c'est qu'elles livrent la marchandise. Est-ce que cela signifie que, dans une organisation, on n'a pas à se préoccuper de la personne qui a un problème ? Pas du tout ! Il faut prendre le temps de l'accueillir, de la conseiller si possible, de la libérer de son travail un moment si nécessaire ; il y a toutefois une limite à ce que nous pouvons et devons faire. Soyons compatissants mais non complaisants. N'essayons pas de jouer au psychologue ou au travailleur social : ce n'est pas notre rôle !

De son côté, la personne qui a des problèmes doit comprendre que, lorsqu'elle se présente au travail, elle entre en scène pour jouer un rôle, accomplir une tâche et livrer la marchandise. C'est uniquement pour cette raison qu'elle est au service de l'organisation et qu'elle est rémunérée. Céline Dion a d'ailleurs admirablement bien compris les devoirs qui lui reviennent puisque, avant de donner ses spectacles à Las Vegas, elle n'a pas annulé 10 représentations sur un total de plus de 4 000 spectacles, ce qui est extraordinaire !

Certaines personnes me font parfois part de leurs réserves à l'égard de la notion d'entrer en scène. On me dit : «Moi, M. Tremblay, je préconise plutôt l'authenticité au travail.» Au nom de l'authenticité, on fait fi de nos responsabilités et on tolère des comportements inacceptables dans nos organisations. Je rétorque alors : «Si vous désirez être authentique, restez chez vous. Vous pourrez y avoir les comportements que vous voulez !»

Pour ma part, j'embauche seulement des personnes qui entrent en scène pour jouer un rôle, exécuter une tâche et qui livrent la marchandise.

Que fait-on lorsqu'on va à des obsèques ou à un mariage ? On entre en scène avec les attitudes et les comportements appropriés. Lorsqu'on vient travailler, on devrait normalement faire la même chose. Dans les organisations, les « melting pots » d'authenticité causent régulièrement des problèmes de fonctionnement. Il faudrait avoir l'honnêteté de l'avouer, car c'est la vérité. Le mot authentique signifie vrai et le mot vrai désigne ce qui est exact en fonction d'un certain nombre de paramètres.

On peut faire une analogie très intéressante avec les toiles de plusieurs grands peintres. Ainsi, on dit d'une toile signée Monet qu'elle est authentique parce qu'elle représente et démontre un certain mouvement dans le coup de pinceau, la technique, l'inspiration, le style, qui sont précisément des paramètres qu'on reconnaît à ce peintre, tout comme Picasso a les siens. En administration, le mot authentique ne signifie pas grand-chose et il donne lieu à une multitude d'interprétations s'il n'est pas défini en fonction de certains paramètres. Une personne pourrait être sarcastique, impolie, chiante, menteuse, voleuse et être très authentique puisqu'elle est vraie dans ce qu'elle est et ce qu'elle fait !

Or, dans un nombre impressionnant d'organisations et de descriptions de tâches, on ne fixe pas de paramètres sur le savoir-être. On les établit seulement sur le savoir-faire en rédigeant des descriptions de tâches qui s'étalent parfois sur trois ou quatre pages et sur lesquelles on fait des évaluations afin de déterminer si la personne est performante. On n'évalue donc pas le savoir-être, qui compromet très souvent le savoir-faire ! Alors, il faudrait cesser de faire l'apologie de l'authenticité au travail et de se gargariser de cette notion. Lorsqu'on désire parler d'une personne qui est sans artifice, on devrait plutôt dire qu'elle est naturelle ou sincère.

Un jour, j'ai été embauché comme directeur. Juste à côté de mon bureau se trouvait celui du directeur des services techniques. Il se nommait Alfred, mais tout le monde le surnommait Fred. Tous les matins ou à peu près, lorsque je le rencontrais, je lui disais : « Salut Fred ! Comment ça va ? » Il me répondait : « Ça va pas si mal ! » Le lendemain : « Ça va pas si pire ! » Le surlendemain : « Ça va comme hier ! » Les autres jours : « Ça pourrait aller mieux ! », « Il fait froid aujourd'hui ! », « Il va faire chaud demain ! » et ainsi de suite. Mais il n'était jamais positif ! Les seules fois où je le voyais sourire, c'est quand il sortait des toilettes… il était constipé à l'année.

À un moment donné, je me suis dit : « C'est un cadre. Ce n'est pas un cadre de porte ou un quart-de-rond, c'est le directeur d'une équipe ! Il devrait être le modèle de son équipe, le leader, la locomotive, la dynamo. » Alors, je l'ai convoqué et lui ai demandé : « Fred, dis-moi sincèrement, es-tu heureux de travailler ici ? » Il m'a répondu, d'un air étonné et déprimé : « Oui, ça paraît pas ? » J'ai alors pensé : « On a un sérieux problème ! »

En discutant avec lui, j'ai réalisé que Fred était malade, qu'il était affecté d'une maladie assez grave et peu connue qui a commencé à faire son apparition il y a quelques années seulement et qui fait de plus en plus de dégâts : la « c't'à cause ». C't'à cause du syndicat… C't'à cause de la direction… C't'à cause de mon personnel… C't'à cause du service de sécurité… C't'à cause de mon auto… C't'à cause … Fred était pris de la c't'à cause ! Alors, je lui ai dit : « Ça tombe bien, Fred, c'est moi le spécialiste de la c't'à cause ! »

Je dois vous dire que je possède une vaste pharmacie pour soigner cette maladie-là : vidéos, cassettes audio, livres sur les modèles mentaux, les paradigmes organisationnels et les niveaux de conscience (voir la liste en annexe). J'ai remis quatre livres à Fred. Je lui ai demandé d'en lire un toutes les deux semaines et d'aller voir mon adjointe pour fixer des rendez-vous afin de venir partager avec moi ses réflexions sur le contenu de ces ouvrages. Eh bien, croyez-le ou non, après deux mois, Fred a changé… Totalement changé ! Il n'avait jamais réalisé qu'il avait l'obligation d'entrer en scène avec les bonnes attitudes et les bons comportements pour jouer convenablement son rôle, un rôle qu'il avait choisi et pour lequel il était très bien payé.

Lorsqu'on est cadre, on ne peut pas entrer au travail la tête entre les deux jambes. On est censé être un modèle, une référence, une icône pour notre personnel. Comment peut-on demander aux employés d'être dynamiques, positifs, accueillants, souriants, ponctuels et efficaces si on ne l'est pas soi-même ?

Lorsqu'on est un employé, on représente le savoir-être de l'organisation, le savoir-faire de celle-ci, son dynamisme. Si vous êtes incapable d'entrer au travail avec un sourire tous les matins et de dire bonjour à ceux que vous rencontrez, restez chez vous !

Je pense que nos vies respectives sont de grandes pièces de théâtre dans lesquelles nous choisissons des rôles comme ceux de conjoint, de parent, de secrétaire, de professionnel, etc. Par conséquent, on doit entrer en scène et jouer convenablement le rôle qu'on a choisi. Je connais des personnes qui sont d'une gentillesse exemplaire, tolérantes et respectueuses au bureau, mais qui, quand elles arrivent à la maison, sont aux antipodes de l'image sociale qu'elles projettent et, malheureusement, vice-versa. Elles n'entrent pas en scène pour jouer le rôle qu'elles ont choisi.

Pourtant, un important sondage effectué récemment par la firme Tower Perrin nous a appris que seulement 40 % des cadres agissent selon les valeurs qu'ils préconisent. Cela signifie que les autres 60 % se disent : « Faites ce que je dis, ne faites pas ce que je fais ! » Le résultat peut être néfaste pour l'organisation, puisque les employés traitent généralement leurs clients et les usagers de la même façon qu'ils sont eux-mêmes traités…

Parfois, on entend dire : « Mon rôle a changé… je ne suis plus heureux. » T'es plus heureux ? Fais le point avant d'en recevoir un dans le front, car tôt ou tard, ça va te rebondir dans la face ! Le travail représente environ 50 % de ta vie lucide et éveillée. Est-ce que tu vas accepter d'être malheureux 50 % du temps ? Ta vie, tu la vis ou tu la subis. Tu la contrôles ou tu acceptes de te faire contrôler. Notre vie nous appartient, nous en sommes totalement responsables. On a donc l'obligation de réfléchir et de faire le point quand on est malheureux.

Souvent, la même personne dit : « Là, j'ai réfléchi et j'arrive à la conclusion que je n'ai pas le choix de faire ce que je fais. Je ne peux pas partir, je suis coincé ici. » Si, après réflexion, tu arrives à la conclusion que tu n'as pas le choix d'effectuer le travail que tu fais, eh bien, tu as toujours le choix de l'attitude avec laquelle tu le fais. C'est la notion de « faire avec ». Tu « fais avec », tu entres en scène, tu joues ton rôle et tu livres la marchandise. Tu décides de ne plus vivre des problèmes, mais plutôt des occasions de grandir, de te dépasser, de te surpasser et de démontrer que tu es le meilleur.

C'est ce que font d'ailleurs l'excellent rocker Martin Deschamps, qui a un bras et demi et une seule jambe, et Marie-Claude Cusson, qui faisait du patinage artistique avec des jambes artificielles dans une publicité télévisée des Amputés de guerre. Ce sont des modèles. Les limites que nous avons, ce sont celles que nous nous imposons ! Pour ma part, je me suis toujours efforcé de ne pas m'en imposer. J'avance debout, parfois à genoux, mais j'avance ! Si tu n'as jamais obtenu ce que t'as voulu dans la vie, alors fais ce que tu n'as jamais fait ! Chacun est l'unique responsable de ce qu'il va faire de sa vie, et ce, peu importe ce qui lui est arrivé ou lui arrivera.

Il y a quelques années, j'ai eu le plaisir de déjeuner avec le commandant Robert Piché, qui a fait planer au-dessus de l'océan un avion Airbus 310 en panne d'essence jusqu'aux Açores. Il a ainsi sauvé la vie à plus de 300 passagers. Ce qui m'impressionne le plus, c'est que, lorsqu'il a réalisé qu'il avait perdu 80 % des éléments qui lui étaient habituellement indispensables pour faire voler l'appareil, il n'a pas pleuré cette perte, mais il a décidé d'exploiter de façon maximale les 20 % qu'il lui restait. L'angle sous lequel nous regardons les choses peut nous permettre de réaliser des exploits. J'ai même constaté que, dans ma vie, c'est par le pire que le meilleur m'est arrivé.

J'ai aussi eu le plaisir de côtoyer, dans une organisation, un homme qui travaillait à l'entretien ménager. Il avait toutes les qualités pour occuper un autre emploi. Il aurait pu être technicien, professionnel ou même médecin. Il était très intelligent et faisait preuve d'un savoir-être remarquable, mais des circonstances ont fait qu'il s'est retrouvé préposé à l'entretien ménager dans un centre hospitalier.

Un jour, après avoir fait le point sur sa situation, cet homme a décidé qu'il garderait son poste, mais qu'il deviendrait le « king de la mop » et qu'il mettrait à profit tout son potentiel humain, c'est-à-dire ses qualités relationnelles et ses talents d'organisateur, en créant un club social. Eh bien, grâce à son attitude, à ses convictions et à son esprit d'initiative, il a réussi à créer un dynamisme étonnant à l'intérieur du centre hospitalier.

Cela, vous l'imaginez bien, a fait mon bonheur, celui de mes collègues et celui du personnel. Son dynamisme contagieux a pris une telle ampleur que j'ai décidé de le libérer une journée par semaine pour qu'il s'occupe du club social et contamine positivement le plus grand nombre de personnes possible au sein de l'organisation. Il a toujours été pour moi une très grande source d'inspiration.

Nous perdons souvent des années de notre existence à penser à la vie que nous aimerions vivre plutôt que de vivre intensément et passionnément l'instant présent. Les personnes qui, après mûre réflexion, décident d'exercer un choix pour profiter davantage de la vie, même si ce choix est difficile sur le plan financier, en sortent presque toujours grandies et gagnantes. Très rares sont celles qui, après un certain temps, ne récupèrent pas ce qu'elles ont mis en jeu pour réaliser ce changement. La plupart du temps, elles acquièrent même de nouveaux avantages. Il faut parfois renoncer à certaines choses pour avancer.

Vous désirez briller parmi les meilleurs ? Commencez par briller de l'intérieur. Je pense que le bonheur est une accumulation de petits plaisirs. En fait, le mot le dit : le bonheur, ce sont de bonnes heures. À nous de choisir !

Dans les organisations, nous nous sentons souvent très démunis devant les personnes malheureuses et celles qui n'adoptent pas les bonnes attitudes. C'est un sérieux problème. Tout d'abord, la personne malheureuse n'est pas productive. Elle nuit aux collègues, elle sert mal les clients et elle projette une image négative de l'organisation, image qui devrait être positive !

Comme employé, on est censé être l'image, le reflet de l'entreprise. Il faut donc se rappeler que si on doit répondre à quelqu'un qui sollicite un service ou réclame notre présence, c'est uniquement parce qu'on est là pour jouer un rôle et accomplir une tâche pour laquelle on est payé. Et aucun employé ne devrait oublier que son premier client est son patron !

Dans les organisations, que faisons-nous trop souvent lorsque nous travaillons avec des personnes qui sont malheureuses ou qui n'adoptent pas les bonnes attitudes? Nous finissons par adapter notre façon de faire à la leur, alors que ça devrait être le contraire!

Dernièrement, dans une entreprise de grande renommée, j'ai vu un employé réussir, à force de maugréer contre le travail qu'il devait exécuter, à faire changer la description de ses tâches. Exaspéré, le patron a opté pour cette solution au lieu de s'attaquer à la racine du problème. Savez-vous quelle est la différence entre la science et la stupidité? La science a ses limites, alors que la stupidité n'en a pas!

Combien de fois, aussi, ai-je entendu : «Ne donne pas ce travail à un tel, il est bête comme ses deux pieds.» Ou : «Ne donne pas ce travail à une telle, ce n'est pas une 100 watts!» Et c'est ce qu'on fait. On accepte qu'une personne ne donne que 60% d'elle-même, alors qu'on demande à celle qui performe à 100% d'en donner 120%. Celle qui performe à 120% finit par faire un burnout parce qu'elle est épuisée, et celle qui donne seulement 60% sombre dans une dépression parce qu'elle est écœurée. Il y en a même qui font des dépressions anticipées : «Je vais prendre quelques journées de maladie avant de tomber malade!»

Je pense qu'il est important d'aider les personnes qui n'adoptent pas les bonnes attitudes et qui sont malheureuses. Il faut les faire cheminer, les faire réfléchir et les accompagner dans un processus qui leur permettra de prendre conscience de la situation. Dans certains cas, après avoir tout tenté pour les aider, il faut même les accompagner jusqu'à la porte ! En effet, pour faire changer une personne, il faut parfois changer de personne, et ce, que ce soit au travail, en amitié ou dans notre vie amoureuse.

J'ai remarqué que la plupart des personnes qui réussissent très bien dans la vie possèdent généralement quatre caractéristiques. Premièrement, elles sont d'agréable compagnie ; deuxièmement, elles sont compétentes dans ce qu'elles font ; troisièmement, elles sont accessibles ; quatrièmement, elles sont persévérantes.

S'il nous manque une de ces qualités, nous sommes en difficulté. S'il nous en manque deux, nous sommes dans le pétrin. S'il nous manque la première qualité, c'est-à-dire si nous ne sommes pas d'agréable compagnie, nous avons un sérieux problème puisque cette qualité, à elle seule, a un poids équivalent à celui des trois autres réunies.

Combien de fois avons-nous vu des personnes relativement compétentes se hisser au sommet d'une organisation parce qu'elles avaient adopté de bonnes attitudes ou des « deux de pique » conserver leur poste très longtemps parce qu'ils étaient fins ? Remarquez combien nous sommes plus tolérants avec les gens qui sont fins contrairement à ceux qui sont froids, méchants et distants. Il y a une leçon à tirer de cela : dans une organisation, si t'es pas compétent, t'as intérêt à être fin !

Vous savez sans doute ce qu'il faut faire ou pas pour être d'agréable compagnie, mais je me permets de vous rappeler une chose très importante : dans toute situation, gérez vos émotions et surtout celles qui risquent de générer des attitudes ou des comportements agressifs et colériques. La gestion de vos émotions doit obligatoirement faire partie de votre stratégie comportementale si vous voulez réussir votre vie personnelle et professionnelle. C'est incontournable. Ce sont les perceptions qui génèrent les émotions ; il faut par conséquent relativiser ce qu'on perçoit et s'élever au-dessus des situations pour avoir un bon contrôle de ses émotions.

Un jour où j'étais confronté à une situation bordélique de contestation syndicale relativement à une politique sur les congés fériés, quelques cadres avaient adopté des comportements émotifs qui jetaient de l'huile sur le feu, et ce, même si j'essayais de leur faire voir la situation autrement. Pour leur faire comprendre la pertinence de s'élever au-dessus de la situation et cristalliser cette image dans leur tête, j'ai décidé de faire la démonstration suivante.

Lors d'une réunion de cadres, je suis arrivé avec un escabeau de quatre mètres sous le bras et des mini-boîtes de raisins secs. Tout d'abord, j'ai remis une boîte à chacun des 35 cadres et j'ai installé l'escabeau au milieu des tables qui formaient déjà un rectangle. Ensuite, je leur ai demandé de prendre seulement un raisin, de le mettre sur la table devant eux et de s'agenouiller afin de bien l'examiner et d'en remarquer les plis, la couleur et la forme. Vous auriez dû voir leurs têtes ! Après les avoir questionnés sur la laideur du raisin, je leur ai demandé de se relever et de continuer d'observer l'apparence de celui-ci. Ils ont alors remarqué que les plis dans le raisin étaient beaucoup moins apparents et qu'il semblait moins laid. Quelques instants plus tard, je les ai priés de se tenir debout sur leur chaise en fixant toujours le raisin. Tous les cadres m'ont alors dit qu'ils ne voyaient plus de plis et que la laideur du raisin n'était pas vraiment apparente. J'ai alors demandé à l'un des trois cadres qui étaient le plus inconfortable avec cette contestation syndicale de monter sur l'escabeau et de me décrire ce qu'il voyait sur sa table. Il m'a répondu : «Je vois un petit point qui ne représente rien !» Voilà donc un raisin qui ne représente plus rien.

Souvenez-vous que, si vous vous élevez au-dessus d'une situation, cela amenuise la portée de votre perception et vous permet d'avoir un meilleur contrôle sur vos émotions. Sachez aussi que toutes les situations administratives devraient être considérées comme des dossiers qu'il faut simplement régler ; par conséquent, il ne faut pas les personnaliser. À la suite de cette démonstration, j'ai été à même de remarquer un changement significatif dans les comportements de plusieurs cadres face à une situation difficile.

Par ailleurs, dans le cadre des activités syndicales, on constate très souvent que les griefs sont transmis directement au bureau des relations de travail ou à une personne désignée pour s'en occuper. Or, cette façon de procéder déresponsabilise le cadre qui dirige la personne ayant fait le grief. C'est la stratégie du tuyau vers le haut. Si vous désirez vraiment réduire les griefs, voici une stratégie très efficace. Tout d'abord, consultez et écoutez les employés qui sont sous votre responsabilité. Puis, formez les supérieurs immédiats de ces employés pour qu'ils connaissent bien les articles les plus couramment utilisés dans la convention collective. Enfin, retournez immédiatement le grief au supérieur immédiat en lui demandant de rencontrer l'employé en question.

Au moment de cette rencontre, le supérieur doit aborder l'employé dans ces termes : « On m'a signalé que vous avez déposé une plainte à mon égard au bureau des relations de travail et j'aimerais en connaître les raisons. » Il faut savoir que le grief est devenu un moyen d'expression dans plusieurs organisations, alors qu'il devrait être l'expression d'une divergence d'opinions ; cela signifie qu'une rencontre aurait normalement dû avoir lieu, ce qui est loin d'être toujours le cas. De plus, il est toujours plus facile pour une personne d'envoyer un grief à la direction du personnel qu'à son supérieur immédiat, sans compter qu'il arrive fréquemment que ce soit le représentant syndical qui signe le grief au nom de l'employé.

Cette rencontre – qui doit être courtoise – a pour objectif d'aider le supérieur immédiat à comprendre la raison de la plainte et à trouver une solution. Cette dernière ne doit en aucun temps créer un précédent pour l'organisation et elle doit être cohérente avec les politiques internes. En cas de doute, le cadre peut consulter le bureau des relations de travail et contacter à nouveau l'employé pour finaliser le dossier. Cette façon de faire oblige également le cadre à assumer les conséquences des gestes qu'il pose au lieu de les refiler au service des relations de travail, et elle démontre à l'employé qu'il peut obtenir satisfaction en s'adressant directement à son supérieur immédiat, ce qui augmente son pouvoir.

Si aucune solution n'est possible, le grief est alors acheminé au service des relations de travail, qui en assurera le suivi. Il ne faut jamais oublier qu'un cadre a le droit de rencontrer un employé sans la présence d'un représentant syndical lorsque la discussion porte sur la façon dont il travaille.

Par ailleurs, il est bon de se rappeler que nous ne savons jamais avec certitude qui sera notre supérieur immédiat dans un avenir plus ou moins rapproché. Pour éviter d'amers regrets, on a donc intérêt à toujours être aimable avec les personnes qu'on côtoie et à collectionner les «airdettes». Vous connaissez les «airmiles» qui vous permettent d'accumuler des points. Il y a aussi les «airlousses», qui vous permettent d'obtenir un peu de «lousse» de votre conjoint en réponse à un petit plaisir que vous lui avez accordé. Quant aux «airdettes», ils vous permettent d'obtenir à l'occasion de vos patrons et de vos amis des privilèges parce que vous les avez aidés ou soutenus sans que ceux-ci ne vous l'aient demandé. Dans les faits, vous les amenez à contracter une dette à votre égard !

Autre leçon : «Ainsi va le patron, ainsi va l'organisation !» C'est le patron qui donne le ton. Selon un sondage CROP-La Presse, 70 % des personnes qui quittent leur emploi ne le font pas parce qu'elles n'aiment pas ce qu'elles font, mais plutôt à cause du patron et, plus particulièrement, des attitudes et des comportements qu'adopte le patron ou qu'il tolère dans l'organisation. Un autre sondage de Léger Marketing révèle que 50 % des travailleurs changeraient d'emploi sur-le-champ s'ils le pouvaient.

Questionnons-nous sur les attitudes que nous adoptons ou que d'autres adoptent dans notre milieu de travail. Pour vraiment obtenir du succès dans ma vie personnelle et professionnelle, j'ai régulièrement recours depuis plusieurs années aux deux questions magiques suivantes : « Sur une échelle de 1 à 10, comment évaluerais-tu très sincèrement et honnêtement… mon intervention dans tel dossier, ma façon de diriger nos réunions, ma relation avec toi, le repas que j'ai préparé, etc. ? » « D'après toi, que devrais-je faire pour obtenir une note de 10 ? » Pour poser ces questions, il faut avoir du courage et faire preuve d'humilité. Accueillez ce que les personnes vous diront sans argumenter et sans essayer de vous justifier. Remerciez-les de leur sincérité et de leur transparence. Ces questions doivent être posées à des personnes qui sont importantes pour vous et qui ont un certain niveau d'expertise ou d'expérience à l'égard de vos propos. Si vous doutez du bien-fondé de leurs réponses, n'hésitez pas à en contacter d'autres.

Être un bon cadre n'est pas simple. Ça nous demande de peaufiner notre façon d'être et notre façon de faire tout au long de notre carrière. L'obtention d'un diplôme ne confirme en aucune façon que nous avons les qualités requises pour être cadre. Après avoir obtenu ma maîtrise en administration publique, si j'avais eu à embaucher des gens, je n'aurais accordé ma confiance qu'à 7 ou 8 des 50 finissants de ma promotion. Pourtant, ils étaient tous censément des administrateurs compétents.

La gestion, c'est d'abord une question de rapports humains. Les vrais leaders n'ont pas besoin de motiver leur personnel : ils l'inspirent par leur simple façon d'être et de faire, par l'image stimulante qu'ils projettent. Ils génèrent la passion, et ce, principalement grâce à leurs comportements et à l'intérêt qu'ils manifestent pour les gens.

Être un bon leader, ça s'apprend. En passant, je n'ai jamais vu une organisation, une direction ou une équipe dynamique dirigée par un patron qui n'était pas un bon leader.

Pour inciter le personnel déjà en place et les nouveaux employés à développer et à adopter de bonnes attitudes dans l'organisation, je suggère entre autres de leur faire signer un engagement relatif au savoir-être. Voici un exemple de ce document.

ENGAGEMENT À L'ÉGARD DU SAVOIR-ÊTRE ATTENDU

Considérant que l'organisation entend innover dans son processus de recrutement en accordant une très grande importance au savoir-être ;

Considérant que la mission première de l'organisation est d'offrir des services de qualité dans un environnement accueillant et sécuritaire ;

Considérant que mon savoir-être a une incidence directe sur les personnes que je côtoie, sur la qualité des services offerts, sur mon équipe de travail, sur le climat organisationnel et sur la performance de l'organisation ;

Considérant que mon équipe et l'organisation doivent être un modèle de courtoisie, de gentillesse, de professionnalisme, et que le milieu de travail doit être stimulant et épanouissant pour l'ensemble du personnel ;

Considérant que la direction a adopté la philosophie de gestion de la Performance par le plaisir (PPLP) ;

Sur mon honneur, je m'engage :

À respecter les quatre valeurs de l'organisation, soit le respect, la loyauté, la solidarité et la transparence envers les membres de mon équipe et ceux des autres secteurs ;

À adopter des moyens de communication personnalisés qui favorisent le développement de relations interpersonnelles harmonieuses entre les membres du personnel ;

À être de bonne foi et à accepter avec tolérance les commentaires qui me sont formulés ;

À exprimer, lorsqu'il y a lieu, mon insatisfaction ou mon désaccord avec diplomatie et franchise uniquement à la personne concernée et, le cas échéant, à mon supérieur immédiat ;

À ne tolérer aucune violence physique ou psychologique à mon égard, à l'égard de mes collègues ou des clients, et à le signaler à mon supérieur immédiat lorsque je subis de la violence ou que j'en suis témoin ;

À signaler à mon supérieur immédiat les problèmes rencontrés et à lui suggérer des solutions appropriées ;

À être accueillant et souriant avec mes collègues et mes supérieurs, à adopter une attitude aidante envers eux et à bien servir les clients ;

À collaborer à la création d'une équipe gagnante grâce à des attitudes et à des comportements appropriés ;

À faire preuve de dynamisme, de créativité et d'esprit d'équipe pour promouvoir un bon climat de travail dans mon équipe et dans l'organisation ;

À utiliser régulièrement et judicieusement l'humour pour dynamiser mon environnement de travail ;

À promouvoir le plaisir au travail et à illuminer la vie des personnes que je côtoie grâce à des gestes appropriés qui, parfois, peuvent être inusités ;

À être un digne représentant de l'organisation dans l'exercice de mes fonctions.

_____   _____
Signature de l'employé(e)   Date

_____

Dans l'une des dernières organisations que j'ai dirigées, 85 % des employés, qui étaient syndiqués, ont signé avec plaisir cet engagement. Plusieurs m'ont dit que cela leur garantissait des comportements éthiques au travail. Pour ce qui est de ceux qui ont refusé de le signer, l'adoption de règles sous forme de politiques, en lien avec les quatre valeurs mentionnées au chapitre précédent, permettait de faire toutes les interventions appropriées.

Il est important de se rappeler la notion du 80/20. Si vous réussissez à diriger 80 % de vos effectifs, dites-vous que vous êtes un champion. Vous parviendrez, avec le temps, à en convertir ou à neutraliser un autre 10 % et le 10 % restant vous demandera 80 % de votre temps, mais vous devez vous y affairer. N'oublions jamais que lorsqu'on ne fait rien, on fait quelque chose car on transmet le message qu'on accepte ce qui est présent.

En ce qui concerne les nouveaux employés, la signature de l'engagement constitue une condition d'embauche. J'ai déjà été à même de constater que la signature a encore une grande valeur morale et peut être fort utile dans certaines situations.

Pour aider le personnel à garder de bonnes attitudes, j'ai aussi organisé une série de conférences sur le mieux-être et j'ai demandé aux cadres de regarder certains films et d'assimiler le contenu de livres que j'avais achetés. L'objectif était de créer des cercles d'échanges. Durant une rencontre, les cadres étaient assis autour d'une table, et l'animateur demandait à chacun quel message ou quelle leçon il avait tiré du film ou du livre qu'il avait vu ou lu.

Au cours de ces échanges, j'ai pu constater que, même si les personnes regardaient les mêmes films et lisaient les mêmes ouvrages, elles ne les interprétaient pas toutes de la même façon. Ainsi, additionnés les uns aux autres, les éléments de compréhension apportés par chacun des participants ont permis de dégager une vision commune sur les plans du savoir-être, du savoir-faire et du leadership.

Par la suite, chaque cadre a répété l'exercice avec les membres de son équipe. Il demandait à ses employés de lire les mêmes livres, dans un délai de six semaines. Après lecture, les employés devaient apposer leur signature à l'intérieur de la couverture du livre qui était disponible dans leur service. Les résultats ont été étonnants. Plusieurs personnes ont totalement changé d'attitude et de comportement grâce à ces cercles d'échanges. À cet effet, plusieurs organisations ont fait la même démarche avec la première édition de mon livre sur la PPLP en demandant aux participants : « Qu'en avez-vous retenu ? Et qu'est-ce qu'on pourrait mettre en pratique ? »

Au cours de mes conférences, une question m'est régulièrement posée : Comment puis-je faire changer une personne qui ne dit jamais bonjour, me regarde à peine, bougonne ou qui est souvent négative, bref, qui a des attitudes et des comportements qui laissent grandement à désirer ? Je propose alors des lectures intéressantes comme celles énumérées à la fin de ce livre. Vous pouvez aussi utiliser une stratégie qui m'a été utile face à un patron qui avait ce profil. Au moment opportun, posez la question suivante : Es-tu heureux de travailler ici ? La plupart du temps, la réponse sera une première question : Pourquoi me demandes-tu ça ? Votre interlocuteur vous ouvre la porte comme on dit, alors entrez… Le genre de réponses à donner ressemble à celle-ci : Je sais que tu es préoccupé par le bon fonctionnement de l'organisation, que tu te soucies des personnes qui y travaillent et, malheureusement, j'entends parfois à ton égard des commentaires qui te portent ombrage ! La deuxième question sera habituellement : Quels sont ces commentaires ? Et là, dites ce que vous avez à dire. Une troisième question sera incontournable : Qui a dit ça ? Voici la réponse à donner : Tu m'excuseras mais tu comprends que je ne peux te dire qui dit quoi ; je suis déjà assez mal à l'aise de t'avoir fait part de ce commentaire !

Cette stratégie, qui peut certainement vous aider, crée un impact très puissant parce qu'elle fait appel à la vérité suivante : il n'y a rien comme ne pas tout savoir pour s'imaginer plein de choses… Le soir, sur l'oreiller, ces propos turlupineront votre interlocuteur surtout s'il sait qu'ils ne sont pas positifs. Vous constaterez alors que certains comportements vont changer. Dès lors, utilisez le principe de Pygmalion (voir le chapitre 12). Vous dites à la personne : « J'ai entendu dernièrement des commentaires très positifs à ton égard parce que tu as… » Ce n'est pas toujours facile d'interpeller directement certaines personnes pour leur faire comprendre qu'elles devraient changer d'attitude et de comportement, surtout lorsque c'est un patron.

CE CONSTITUANT
DANS L'ORGANISATION

Pour intégrer ce constituant au sein de l'organisation, je suggère :

✔ De faire signer un engagement relatif au savoir-être.

✔ De faire participer les cadres et le personnel à des cercles d'échanges basés sur le contenu de livres, de films et de cédéroms (liste en annexe, à utiliser selon l'ordre des références).

✔ D'inviter les participants à partager leur interprétation des messages véhiculés dans les livres, les films et les cédéroms au cours des échanges.

✔ De faire écouter des cassettes audio et visionner des vidéos sur les modèles mentaux.

✔ D'offrir de la formation et des conférences sur les attitudes gagnantes, les comportements appropriés, l'intelligence émotionnelle, la communication non violente, l'humour, le rire, etc.

✔ De relever les attitudes inappropriées et de prendre les mesures nécessaires pour y remédier sans tarder.

✔ D'inclure dans l'évaluation de la contribution de l'employé à la performance organisationnelle, communément appelée « évaluation annuelle », une section sur les attitudes. Cette section serait inspirée de l'engagement à l'égard du savoir-être attendu.

- ✔ D'installer à certains endroits – au dos des portes des salles de bains, des salles de repos des employés, etc. – un miroir sur lequel est inscrit : « Je souris et j'entre en scène pour bien servir mon client. »

- ✔ D'installer dans les corridors des affiches montrant un bonhomme sourire jaune accompagné de l'inscription : « Aujourd'hui, j'adopte la bonne attitude. »

- ✔ De photographier chaque employé de l'équipe ou du service, souriant, dans l'exercice de ses fonctions, et de faire de ces photos une grande mosaïque placée à la vue de la clientèle avec l'inscription « Une équipe souriante, dynamique et compétente ».

4

Éliminons
les irritants

Dans nos vies quotidiennes, nous nous efforçons d'éliminer les irritants. S'il y en a, il n'y a pas de plaisir ! Les irritants sont en contradiction profonde avec la notion même de plaisir, et notre subconscient ne désire qu'une chose : s'en débarrasser ! Toutefois, dans la majorité des organisations, on ne s'occupe pas vraiment de les faire disparaître. C'est une grave erreur ! La théorie du petit caillou le prouve...

Supposons que vous êtes un amateur de jogging et qu'on vous emmène dans un endroit magnifique où vous vous livrez à votre activité préférée : un superbe parcours au bord de la mer des Caraïbes, de majestueux palmiers, une plage de sable fin, une eau turquoise... Vous commencez à courir, mais vous réalisez après quelques foulées qu'il y a un petit caillou dans l'une de vos espadrilles. Pressé de pratiquer votre activité afin d'obtenir le résultat désiré, vous pensez que ce n'est pas très grave et vous continuez même si ça vous incommode. À un certain moment, vous allez ralentir le rythme, jusqu'à ce que vous n'ayez plus le choix de vous arrêter. Vous aurez donc couru moins longtemps et serez allé moins loin.

Très souvent, dans les organisations, les irritants sont de petits riens qui frustrent les gens et les empêchent de produire à 100 %. Pourquoi, alors, ne pas faire tout ce qu'on peut pour les éliminer ? Bien sûr, on doit tenir compte des moyens qu'on a, mais très souvent, on peut régler les problèmes pour un coût fort raisonnable. Il faut surtout avoir la volonté d'aboutir à une solution.

Un jour, j'ai vécu une situation qui m'a sensibilisé à l'importance de régler les problèmes. Dans un établissement de santé dont j'étais le directeur, Georges, un employé d'entretien ménager, a demandé à Gilles, son supérieur immédiat, de changer la « moumoute » qui se trouvait au bout de sa *mop,* car elle était pas mal usée. La « moumoute », c'est un faisceau de gros fils en coton de 8 à 10 pouces, très utile pour nettoyer dans les coins, autour des pattes de lits et des pattes de chaises. Le patron de Georges, qui était un cadre sous ma responsabilité, a acquiescé à sa demande, mais il n'a rien fait.

Lorsque Gilles venait à mon bureau pour parler de certains dossiers, il me disait qu'il était débordé de travail, qu'il préparait un arbitrage, qu'il devait planifier les horaires de vacances, qu'il manquait de temps, qu'il faisait des heures supplémentaires et que, en plus, Georges ne cessait de lui échauffer les oreilles avec sa « moumoute ». Pour ma part, n'étant pas très sensibilisé aux conséquences que peut entraîner le fait de négliger d'éliminer les irritants, je n'ai pas trop prêté attention à ce détail. Erreur !

Qu'est-il arrivé, vous pensez ? Durant le premier mois, Georges a déploré le fait qu'il ne pouvait pas effectuer un bon travail, qu'il perdait du temps parce qu'il était obligé de passer plusieurs fois aux mêmes endroits et que le personnel se plaignait parce qu'il laissait des mousses. Le deuxième mois, il a commencé à dire que son patron ne le respectait pas. Frustré, il s'est mis à surveiller les heures d'arrivée et de départ de Gilles, de même que les gestes qu'il posait. Le troisième mois, Georges a clamé que les membres du comité de direction ne considéraient pas le personnel, qu'ils prenaient de mauvaises décisions, qu'ils étaient une gang de cons. Après trois mois de demandes infructueuses, exaspéré, Georges s'est tanné et a acheté lui-même la « moumoute », au coût de 38,75 $, et l'a installée sur sa *mop*.

Aussitôt que Gilles a réalisé que Georges avait acheté la « moumoute », il a pris les mesures nécessaires pour qu'on la lui rembourse. Est-ce que ce geste a réglé le problème ? Pas du tout ! Quand une personne déblatère depuis trois mois contre son patron, ce n'est pas parce qu'on lui rembourse une dépense qu'elle va du jour au lendemain se cloîtrer dans le silence.

Il nous a fallu des mois pour réussir à mettre les mâchoires de Georges au neutre ! Quand un des membres de l'équipe vivait une situation irritante, qui, pensez-vous, était toujours là pour soutenir sa cause et ajouter un peu d'huile sur le feu ? Georges, bien entendu !

Pour avoir négligé de répondre à une demande, négligé de dépenser 38,75 $, on a bousillé le climat de travail dans une équipe. Des mois d'efforts ont été nécessaires pour reconstruire ce climat. Quand les employés vivent des situations irritantes, ils sont malheureux, ils placotent, ils cherchent des poux et ils deviennent moins productifs.

Il est important de se rappeler que les perceptions influencent les attitudes et que les attitudes conditionnent les comportements. Il faut donc, à l'occasion, questionner les membres du personnel sur la façon dont ils perçoivent les choses. Si nous réalisons qu'ils n'interprètent pas les faits de la même façon que nous et qu'ils sont insatisfaits, nous devons prendre les moyens nécessaires pour régler les malentendus. Dans l'exemple précédent, Georges percevait que Gilles ne le respectait pas et ne le considérait pas, alors que la réalité était tout autre.

Devant la nécessité d'éliminer les irritants, je propose de tenir, toutes les six semaines environ, des réunions de service obligatoires au cours desquelles au moins une question, abordée en deux volets, sera à l'ordre du jour : Quels sont les irritants dans le service et que peut-on faire pour les éliminer et améliorer le fonctionnement du service ?

Dans très peu de temps, vous constaterez que, parce que le personnel participe à la recherche des solutions, sa satisfaction au travail augmente de façon importante. Certains cadres ajoutent cette autre question à l'ordre du jour : qu'avons-nous réalisé de positif ou de remarquable depuis notre dernière rencontre ?

En passant, voici une stratégie qui m'a souvent très bien servi au cours de réunions.

Premièrement, ne pas m'asseoir à côté de celui qui préside la réunion. L'idéal est d'être assis en face de lui afin de bien voir ses réactions non verbales et celles des autres participants.

Deuxièmement, autant que faire se peut, ne pas sauter dans la mêlée le premier, mais écouter les propos des autres, rassembler leurs idées et y ajouter les miennes. Avant d'émettre des commentaires, m'assurer qu'ils sont exacts, constructifs et pertinents. Par contre, si vous sautez le premier dans la mêlée, assurez-vous de compter. Détenez toutes les informations appropriées pour ne pas perdre votre crédibilité. D'être appuyé par une autre personne consolidera votre argumentation.

Troisièmement, répondre aux questions clairement et succinctement ; fournir trop de détails engendre d'autres questions. Il peut être difficile, surtout pour un verbomoteur, de s'abstenir d'entrer dans les détails. Pour y arriver, on doit se répéter, avant chaque intervention, de ne dire que l'essentiel. On peut aussi s'écrire une note sur une feuille de papier qu'on placera bien en vue.

Par ailleurs, il est souvent plus profitable de poser des questions que de faire des affirmations : la question qui tue ! Étant parfaitement conscient de cet impact, je jouais à cette stratégie avec mon adjoint quand j'étais directeur des finances avant de donner une présentation aux membres du conseil d'administration. Vous pouvez adopter cette stratégie pour toute situation amenant une discussion. Cette façon de procéder vous permet d'anticiper les questions, de consolider votre argumentation et de donner de la conviction à vos affirmations. Répondre, c'est une chose ; convaincre, c'est autre chose.

Mon meilleur allié a toujours été moi-même. Mon père me disait régulièrement : «Jean-Luc, apprends à te suffire à toi-même. Ne compte jamais sur personne pour te faire rayonner ou te "démerder".» À cet effet, il est extrêmement rare de voir des collègues ou des employés faire des démarches pour vous sauver en situation de congédiement, et ce, même si vous étiez très aimé.

CE CONSTITUANT
DANS L'ORGANISATION

Pour intégrer ce constituant au sein de l'organisation, je suggère :

✔ De demander à chacun des cadres de faire des réunions de service efficaces toutes les quatre à six semaines.

✔ D'inscrire la question relative aux irritants à l'ordre du jour ainsi que celle concernant les améliorations à apporter dans le service.

✔ De s'assurer que, au moins une fois par année, le directeur général ou l'autorité supérieure de l'organisation assiste à la totalité ou à une partie d'une réunion de service, notamment au moment où il peut entendre les irritants. À cette occasion, il pourra donner de l'information et répondre aux questions.

✔ De soumettre l'ordre du jour à l'avance aux participants et d'y inclure le point « divers ». Les employés pourront ainsi prévoir l'ajout de sujets qu'ils aimeraient aborder et préparer leurs questions.

✔ De rédiger un compte rendu des réunions et de le remettre rapidement aux participants dans les jours suivant la rencontre. Ce document fera uniquement état des actions qu'on aura décidé d'entreprendre avec un échéancier et le nom de la personne responsable du dossier.

5

Consultons, écoutons, impliquons

Dans le plaisir au quotidien, on écoute, on consulte et on implique. (Oui, oui, je sais, en bon français, on n'implique pas les gens, on «favorise leur implication». Mon éditeur me l'a dit, mais moi, je maintiens qu'il faut impliquer son personnel. C'est même très important.)

Dans les organisations, de nos jours, on consulte peu, on n'écoute pas beaucoup et on implique de moins en moins les employés. Pourtant, ce sont eux, et non pas les directives, les politiques ou les notes de service, qui nous permettent d'obtenir des résultats. Que fait-on à la place ? On décide. Et pourquoi ? Parce qu'on veut des résultats rapides, immédiats. On est dans l'ère de l'instantané !

Eh oui, on a développé une culture de l'instantané qui envahit et conditionne nos vies. Rien ne va assez vite. On achète des meubles « zéro comptant », payables dans trois ans par versements mensuels échelonnés sur quatre ans, ce qui signifie qu'il nous faudra sept ans pour les rembourser ! On finit de les payer, et c'est le temps de les changer !

Dans les hôpitaux, on n'est pas sitôt admis qu'on veut nous faire sortir. Bientôt, on va être obligé de se plâtrer soi-même ! Dans les supermarchés, les mets préparés et les produits congelés occupent de plus en plus de place. Dans les écoles, on ne double plus (ma spécialité !) : il faut qu'on « gradue ». Si tu ne comprends pas cette année, tu comprendras l'année prochaine.

Il y a quelques mois, je suis allé me faire photographier dans un magasin à grande surface. Évidemment, grâce à la technologie du numérique, j'ai obtenu mes photos en quelques minutes seulement. Elles étaient toutes très belles. Mais sur celle qui retenait mon attention, on voyait malheureusement une petite tache sur ma joue gauche (je m'étais coupé en me rasant !). Alors, j'ai dit à la préposée : « C'est dommage, je prendrais celle-ci s'il n'y avait pas cette tache. » Elle m'a répondu : « Pas de problème, je vais vous corriger ça ! »

Sur son écran d'ordinateur, au moyen de la souris, elle a sélectionné une partie de peau sur mon front et l'a apposée sur ma coupure. Plus rien ne paraissait ! Elle a ajouté : « Tant qu'à faire, voulez-vous que je vous remodèle le contour des yeux ? » Je m'en suis tenu à la petite tache...

L'instantané a même fait son entrée dans les salles de bains. Grâce à un œil électronique, les cuvettes des toilettes se vident aussitôt qu'on se lève du siège. L'eau se met à couler des robinets dès qu'on se présente au lavabo. Les séchoirs à main sont presque devenus des souffleries ; il faut que ça sèche, et vite… au suivant ! Tout est instantané, on n'a même plus besoin de penser !

Actuellement, dans les organisations, on pose les gestes qu'on croit les plus efficaces et efficients pour obtenir des résultats rapides, alors qu'on devrait plutôt poser les gestes justes, ceux qui font appel à l'intelligence émotionnelle et sensorielle. Pourquoi ? Pour orienter nos façons de faire. Parce que nous sommes tous des êtres humains et que l'être humain est d'abord un être de cœur. Nous avons appris à aimer avant d'apprendre à raisonner. D'ailleurs, quand un employé est content de son patron, qu'est-ce qu'on entend ? J'aime, ou j'adore mon patron. Lorsqu'un patron est content de son employé, il dit la même chose.

Chaque fois que j'ai pris une décision en me laissant guider à la fois par mon cœur et ma raison, les événements ont toujours prouvé que j'avais eu raison de prendre cette décision. Ça peut paraître énorme comme affirmation, mais c'est vrai. Quand je n'ai écouté que mon cœur, je me suis rarement trompé. Mais quand j'ai laissé la raison seule dicter mes décisions, je me suis parfois trompé de façon magistrale.

Quand j'ai obtenu mon diplôme universitaire, il y a plus de 30 ans, le doyen est venu faire un discours et nous a dit, entre autres : «Un jour, vous serez probablement des patrons. La chose la plus importante à retenir, c'est que vous devez vous faire respecter. »

À ma sortie de l'université, j'ai été embauché comme vérificateur d'impôt. À ce titre, je n'ai pas eu de difficulté à me faire respecter. Lorsque je présentais ma carte d'identification, les gens établissaient même un périmètre de sécurité autour de moi, et ce, sans que je le demande.

Quelques années plus tard, j'ai changé d'emploi et j'ai réalisé qu'il est préférable de se faire apprécier, car tout va alors beaucoup mieux. Mais encore là, on peut t'apprécier pour différentes raisons : tu as accompli telle ou telle chose, ou accordé telle ou telle faveur, par exemple. Environ 10 ans plus tard, j'ai réalisé que lorsque tu es considéré par les membres de ton organisation, tu as gravi un échelon important parce que, à ce moment-là, les gens prennent fait et cause pour toi, ce qui est très important, surtout si tu es cadre.

Il y a une douzaine d'années, j'ai réalisé que l'idéal, c'est de se faire aimer, car lorsque les gens t'aiment, ils se défoncent pour toi. C'est tout à fait vrai ; cela dit, quand on aime ou quand on se fait aimer, est-ce qu'on accepte n'importe quoi ? Bien sûr que non ! Nous avons tous des parents, des amis, peut-être un conjoint, des enfants. Avec eux, il y a des règles à respecter et des limites à ne pas dépasser. Dans les organisations, il en va de même.

La NASA a démontré scientifiquement qu'il existe un lien direct entre la santé émotionnelle et la performance professionnelle et sociale. Pourtant, on se soucie peu de la santé émotionnelle dans nos organisations, et on va bientôt finir par frapper un mur.

Il y a 15 ans, on reconnaissait 3 diagnostics à caractère psychologique reliés au travail. Actuellement, on en compte au moins 12. Depuis 10 ans, le taux d'absentéisme pour problèmes de santé psychologique en milieu de travail a doublé. D'ici quelques années, si la tendance se maintient, une personne absente sur trois le sera pour des raisons de cet ordre. Pourtant, nous sommes plus que jamais outillés pour éviter ce type de problèmes. En effet, la documentation sur le sujet est abondante et complète. Le hic, c'est qu'on ne s'en occupe pas. Tout ce qui importe, ce sont les processus et les résultats. Remarquez que c'est plus facile à gérer que des êtres humains.

Il faut être conscient qu'il y a une corrélation entre la culture de l'instantané et le fait qu'on consulte, qu'on écoute et qu'on implique de moins en moins et qu'on a de plus en plus de difficulté à créer de vraies équipes dans nos organisations. J'ai la conviction profonde que l'administrateur de demain, celui qui fera sa marque dans une organisation et qui la propulsera à des sommets inégalés, aura quatre grandes qualités. Il sera capable de se faire aimer, il générera du plaisir autour de lui, il agira avec beaucoup de rigueur et il persévérera dans ce qu'il entreprendra. Il se démarquera grâce à ces quatre qualités et il exigera la même chose des membres de son équipe.

Le multimillionnaire Richard Branson, propriétaire de l'empire Virgin, composé de plus de 300 grandes compagnies, est un modèle éloquent. Grâce à ses qualités humaines et à son savoir-être exemplaire, cet homme a propulsé le savoir-faire de ses organisations, notamment Virgin Airlines, à des sommets étonnants.

Je pense avoir prouvé les effets positifs de la philosophie de la Performance par le plaisir dans trois organisations. M. Branson, lui, l'a fait dans 300 entreprises. La croyance que j'avais s'est transformée en certitude quand j'ai entendu une de ses conférences à New York cette année. Pour moi, cet homme est une grande source d'inspiration, car il partage les croyances qui sont à la base de ma philosophie, c'est-à-dire que les personnes heureuses produisent plus et mieux.

Nous entendons dire, à l'occasion : «On n'est pas obligés de s'aimer pour que ça fonctionne dans une organisation.» C'est vrai, mais il faut regarder comment ça fonctionne... En passant, aimer dans notre vie personnelle et aimer dans notre vie professionnelle ne signifient pas la même chose. Le mot aimer revêt plusieurs sens. Si vous dites «j'aime le spaghetti», ça ne signifie pas la même chose que «j'aime mes parents».

Comme le disait le célèbre italien Adam T. (ou plutôt *al dente*) : «Le verbe aimer est le plus difficile à conjuguer. Son passé n'a jamais été simple, son présent est imparfait, et son futur sera toujours conditionnel!» Il faut cependant noter que dans certaines circonstances, vraiment très exceptionnelles, il vaut mieux être craint que d'être aimé.

Par ailleurs, pourrait-on imaginer une relation de couple réussie où les partenaires ne se consultent pas, ne s'écoutent pas et ne s'impliquent pas ? Ce serait assez surprenant. Alors, comment peut-on souhaiter qu'une organisation soit efficace et prospère si on n'intègre pas l'écoute, la consultation et l'implication à sa philosophie de gestion ? Si ces éléments sont essentiels dans le développement d'une relation de cœur, ils le sont tout autant en milieu de travail, et on ne peut pas véritablement changer les choses sans eux.

Depuis environ 10 ans, on ne parle que de changement dans les organisations. On en vient à radoter. Réussir le changement s'avère toujours assez difficile. Tout d'abord, à une multitude d'endroits, on voudrait que les choses changent, alors qu'on ne veut pas changer soi-même.

Il est vrai que la routine rassure. On se creuse les méninges pour trouver une façon de réaliser le changement et on pense qu'une fois qu'il sera atteint, on vivra enfin l'apothéose du fonctionnement idéal. Erreur ! La seule chose qui ne change pas, c'est la nécessité de changer, et ce, parce que le monde est en constante évolution.

On n'a pas de difficulté à implanter le changement quand on le fait en collaboration avec les gens en place, quand on les consulte. On parle alors d'un processus d'adaptation ou de modernisation imposé par les forces du marché. Par contre, si le changement est imposé par des comités de «pansus» qui ont réfléchi et pris des décisions dans une tour d'ivoire, on rencontrera des problèmes au moment de l'implanter.

Le changement est perçu comme étant tellement complexe qu'on parle maintenant de «réingénierie». Ce concept ne pourrait pas être plus étranger à la nature humaine. Décidément, dans certains milieux, on considère l'individu comme une machine !

On dit souvent que les employés résistent au changement. Pour ma part, j'ai constaté que, habituellement, ils s'opposent plus à la façon de l'implanter qu'au changement lui-même. Comment peut-on voir le changement comme quelque chose de favorable quand on se sent en danger ? Quand les dirigeants consultent le personnel avant d'entreprendre un changement – une modernisation incontournable, par exemple –, ils apaisent les craintes, facilitent le cheminement, dédramatisent certaines situations et font même émerger de nouvelles solutions.

Je le rappelle : quand on ne sait pas ce qui se passe ou ce qui se prépare, on peut s'imaginer une multitude de choses. Si l'objectif est de changer des processus, des procédures, et qu'on n'a pas une vision globale des enjeux, on peut s'attendre à rencontrer de sérieux problèmes. Une organisation, quelle qu'elle soit, est d'abord un lieu où s'établissent des rapports humains.

Ayant participé activement, à cinq reprises, à la fusion de différentes organisations, je peux vous confirmer l'efficacité de la stratégie suivante. Pour faciliter grandement un changement, transformez l'environnement. Le lieu physique est le berceau d'une culture. Toutefois, avant de mettre ce projet de l'avant, assurez-vous qu'il soit nécessaire et évaluez très sérieusement la pertinence de déplacer des gens car dans chaque lieu de travail se créent des microcosmes de société. Lorsqu'on défait des liens qui ont pris des années à s'établir et qu'on éparpille des membres d'une équipe qui est devenue une famille et qui travaille dans un excellent climat, les coûts peuvent être énormes : contestations, démotivation, dépression, ressentiment, absentéisme, etc. Quand ça ne fonctionne pas comme on le voudrait, on pense souvent que la situation est attribuable à des problèmes de structure, alors qu'elle est due à des problèmes humains. Il est plus important d'accorder son attention aux personnes qu'aux concepts.

Le fait de consulter, d'écouter et d'impliquer facilite grandement la conciliation des différentes cultures dans le cadre d'une fusion d'organisations – malheureusement, les fusions sont souvent des mariages forcés. Si on désire qu'une fusion demeure vraiment une fusion, qu'elle ne devienne pas une intégration (en général, le plus gros bouffe le plus petit), on doit tenir compte du fait qu'il existe des cultures verbales et écrites, de types professionnel, technique, général et ouvrier. La réussite de celle-ci dépend d'abord de la cohérence des cultures. D'ailleurs, il faut être conscient que c'est l'incohérence qui génère l'effritement de la confiance.

Il ne faut surtout pas que la façon de fonctionner et la culture de l'organisation la plus importante deviennent automatiquement celles de la nouvelle entité créée. Ce genre de situation arrive régulièrement et génère beaucoup de frustration chez les employés, car on leur impose des changements sans les consulter.

Remarquez que j'ai déjà été à même de constater que le pouvoir politique, associé à un processus d'administration stratégique, peut permettre à une grenouille d'avaler un bœuf! Il en découle immanquablement une méchante indigestion qui produit un malaise dans toute l'organisation.

CONSULTONS

Tout d'abord, consulter ne signifie pas accorder. Pourquoi consulter, alors? Eh bien, ça relève uniquement du gros bon sens! Si on veut améliorer les processus, les produits ou les services, on doit consulter les personnes qui font ou feront le travail. Les organisations qui ont connu beaucoup de succès ont toutes eu une grande propension à solliciter les réflexions du personnel en place.

Bombardier, à Valcourt, a reçu plus de 2 000 suggestions lorsqu'elle a mis en route un projet de modernisation. Chaque fois qu'une suggestion était approuvée, on offrait à l'employé qui l'avait soumise un «incitatif» financier. La compagnie Paccar, fabricant de camions à Sainte-Thérèse, invite aussi ses employés à présenter des suggestions. Depuis sa relance, sur une période de trois ans, la compagnie a accepté plus de 3 000 propositions.

Il est important de consulter, mais il faut consulter sur les bonnes choses. Il y a les consultations à caractère stratégique et celles à caractère opérationnel, qui relèvent de deux champs de compétence distincts. La consultation doit faire partie d'une «philosophie de gestion», mais ne doit pas mener à une «philosophie de gestion par la consultation», car ça pourrait empêcher l'organisation d'aller de l'avant. J'ai connu un patron qui avait pris l'habitude de consulter sur absolument tout. Un jour, il a même recouru aux services d'une firme de consultants afin de vérifier s'il consultait correctement !

Il faut également se rappeler que, lorsqu'on met en place un processus de consultation, on suscite des attentes. Par conséquent, il ne faut jamais promettre quelque chose qu'on n'est pas certain de réaliser et il est essentiel de prendre **2 précautions** :

1. Informer de la date à laquelle les résultats de la consultation seront communiqués.

2. Entreprendre des actions à la suite de la consultation, car autrement, on perdra de la crédibilité, et les gens ne voudront plus participer.

ÉCOUTONS

Dans la plupart des organisations, on entend mais on n'écoute pas, on regarde mais on ne voit pas. Écouter signifie prêter attention, prendre le temps, s'arrêter pour bien saisir le message.

Le genre humain carbure au sens et à la reconnaissance ; il a besoin de comprendre. Plutôt que de perdre son temps à tenter de prouver aux employés qu'on a raison, il est préférable de se montrer sensible à leurs préoccupations et réceptif aux solutions qu'ils proposent. Ça demande peut-être plus de temps, mais on en sort gagnant. N'oublions pas que seul, on avance plus vite durant un certain temps, mais qu'ensemble, on va plus loin plus longtemps.

Personnellement, je peux dire que le temps qui m'a été le plus rentable et le plus profitable dans toute ma carrière n'est pas celui que j'ai consacré à des dossiers, mais bien celui que j'ai accordé à des employés.

IMPLIQUONS

S'impliquer signifie partager avec cœur, détermination et engagement. Une personne qui participe n'est pas forcément engagée dans ce qu'elle fait, alors qu'une personne qui s'implique participe forcément. Hervey Sériex, un manager français, faisait à ce sujet une analogie que j'ai trouvée particulièrement pertinente : « Dans un petit déjeuner œuf-bacon-jambon, la poule a participé, et le porc s'est impliqué. » Très vrai, car le porc en est mort !

Pour impliquer les employés, il faut :

• **Faire preuve d'humilité**

Reconnaître qu'on ne sait pas tout, qu'on ne peut pas tout faire et qu'on à besoin des autres. Étrangement, reconnaître nos limites nous donne du pouvoir.

• Faire confiance

Pas seulement à leur capacité de choisir des crayons, des gommes à effacer ou du papier à en-tête, mais aussi à leur capacité de traiter de vrais dossiers. Souvent, le patron prétend qu'il fait confiance à ses employés alors qu'il passe son temps à vérifier et à contrôler ce qu'ils font. Rien n'est plus frustrant que de se sentir surveillé tout le temps. Puisque ce sont les résultats qui comptent, prêtons attention aux résultats et laissons le personnel prendre des initiatives dans l'exercice de ses fonctions.

• Donner du pouvoir et déléguer

Ce sont les deux signes de reconnaissance les plus appréciés sur le marché du travail. Lorsque nous déléguons, nous multiplions la quantité de travail que nous pouvons effectuer. Par contre, déléguer ne signifie pas se libérer de ses responsabilités ou donner une surcharge de travail à un employé. Celui-ci doit consentir à recevoir un mandat spécial et être heureux d'exercer une tâche qui le met en valeur. Il est important de donner des responsabilités sans oublier de déléguer l'autorité qui doit toujours les accompagner. Il faut déterminer un territoire avec des paramètres bien définis et faire confiance aux employés en les laissant se prendre en main pour atteindre l'objectif. Il ne faut pas continuellement envahir ce territoire. On doit cependant obtenir périodiquement des informations sur les résultats obtenus.

Déléguer du travail à un employé est aussi une façon de lui faire développer de nouvelles habiletés. Chose curieuse, chaque fois que j'ai donné du pouvoir à d'autres personnes, j'ai augmenté le mien. Par ailleurs, les personnes qui ne partagent pas leur pouvoir, tôt ou tard, s'étouffent avec!

Un de mes anciens patrons m'a déjà dit : « Jean-Luc, en management, il y a deux livres : celui de l'élève, qu'on remet aux employés, et celui du maître, qu'on garde pour soi. » Dans son cas, il avait, en plus, le corrigé du maître. Eh bien, un jour, il a fait une gaffe qui lui a coûté son poste. Quand on ne partage pas le pouvoir et qu'on prend toutes les décisions soi-même, sans consulter personne, on est l'unique responsable des résultats qu'on obtient.

J'ai toujours préféré fêter mes succès avec beaucoup de monde : c'est plus agréable. Au contraire, si par malchance nous n'obtenons pas les résultats escomptés, eh bien, nous sommes plusieurs à nous soutenir et à nous encourager.

Les gestionnaires doivent s'assurer que leur personnel contribue activement à l'atteinte des objectifs fixés par l'organisation, mais ils doivent d'abord assumer eux-mêmes plusieurs responsabilités et s'impliquer fortement. Ils sont responsables du climat dans leur service ainsi que de la gestion de leurs ressources humaines, financières et matérielles.

Le processus suivant m'a déjà permis d'atteindre d'excellents résultats en vue d'améliorer le climat organisationnel.

D'abord, la direction générale fait un sondage sur le **climat orga-nisationnel** auprès de l'ensemble du personnel et communique les résultats aux cadres, qui, à leur tour, les transmettent à leurs employés. Chacun des cadres fait un certain nombre de constats et élabore des plans d'action dans le but d'apporter les changements appropriés dans son service.

Ensuite, on refait le même sondage l'année suivante, mais, cette fois, auprès de chaque direction, afin de s'assurer que les plans d'action ont produit les résultats escomptés. Cela donne une vision par direction.

Finalement, la troisième année, on refait le sondage auprès de chaque service pour vérifier si des améliorations ont été constatées par l'ensemble des employés. Cela donne une vision par équipe. C'est le processus de l'entonnoir inversé, et tous les cadres concernés doivent bien en comprendre le déroulement avant de l'amorcer. Vous retrouverez, en annexe, le questionnaire que j'ai déjà utilisé.

Chaque fois que j'entends l'appellation **gestion des ressources humaines,** l'image d'un tas de gravier qu'on est en train de pelleter émerge dans ma tête. On devrait plutôt parler de gestion du capital humain, du service du capital humain ou des services humains ou simplement du service du personnel. Ces termes correspondraient davantage à la mission et au rôle que devrait jouer ce service. À ce propos, si on croit sincèrement à l'importance de l'être humain dans l'organisation et au rôle de ce service, celui-ci devrait toujours être séparé de la fonction relation de travail qui reçoit les griefs, se présente en arbitrage, interprète la jurisprudence et appuie les cadres en matière de mesures disciplinaires. En effet, les mêmes personnes ne devraient pas s'occuper de la formation, coordonner les avantages sociaux des employés et tout ce qui se rattache à l'embauche d'une part, et taper sur les employés d'autre part. Ces amalgames de fonctions ne redorent nullement la perception positive que devraient avoir les employés face au service du capital humain qui est là pour les aider et les soutenir dans leur travail. On peut difficilement demander à la même personne de parler des deux côtés de la bouche!

Il est important de transmettre à l'ensemble des cadres un rapport sur les taux d'absentéisme observés dans chaque service pour maladies et accidents de travail. Il faut également transmettre à chaque gestionnaire un rapport détaillé sur les taux d'absentéisme dans son service. Ce rapport doit être anonymisé si les diagnostics y apparaissent. Il devrait aussi, de préférence, fournir des données en chiffres absolus et en pourcentages.

Je suggère fortement que, dans les organisations où l'on engage des employés à temps partiel occasionnel (TPO), ceux-ci relèvent de la direction des ressources humaines (comme on l'identifie) durant les périodes où ils ne sont pas attachés à un service en particulier. Par contre, si l'un d'eux tombe malade ou subit un accident de travail durant son affectation dans un service, je suggère que ce soit le chef de ce service qui assume la responsabilité du suivi, même si l'employé n'a travaillé qu'une journée au sein de cette équipe. C'est le principe de la foudre ; c'est malheureux, mais c'est comme ça !

Les cadres doivent s'impliquer dans le suivi de l'absentéisme. Ce problème ne devrait pas relever uniquement du bureau de santé ou de la direction des ressources humaines.

Lorsqu'une personne a un accident de travail ou tombe malade, les cadres ont parfois l'impression qu'ils ne sont plus responsables d'elle. Or, très souvent, les problèmes de santé psychologique qui obligent les employés à s'absenter découlent des relations difficiles ou détériorées entre les membres d'une équipe ou avec le supérieur immédiat. Par conséquent, il faut mettre le cadre à contribution dans la recherche de solutions. Le responsable du service de santé peut faire un excellent travail auprès du cadre, sans dévoiler le problème de santé d'un employé.

Rappelons-nous aussi que récompenser la présence au travail (en exposant un tableau d'honneur, en offrant des lettres de félicitations, des journées de congé, des voyages, etc.) peut être un bon moyen de réduire le taux d'absentéisme.

Des employés qui sont présents à leur poste mais qui utilisent tous les moyens possibles pour ne pas faire leur travail ou pour tirer des bénéfices personnels de leur position, on en trouve partout. C'est le « présentéisme », un mal pris très au sérieux actuellement dans le monde du travail.

Au lieu d'être au service de l'organisation, l'employé met l'organisation à son service. On surfe sur Internet durant de longs moments ; on règle ses problèmes domestiques ; on photocopie des documents personnels ; on utilise le service postal pour faire des envois qui ne concernent pas le travail ; on arrive en retard ; on prend des pauses-santé et on étire démesurément les heures de repas ; on s'en va avant la fin de son quart de travail et, surtout, on évite d'en faire trop. Il ne faut surtout pas se crever le jaune !

Le présentéisme constitue une nouvelle forme d'entrave à la performance. Devant un employé qui en présente les symptômes, le supérieur immédiat doit intervenir rapidement, en ne relevant que des faits observables, mesurables et quantifiables. Il doit communiquer ses attentes verbalement et, si cela s'impose, par écrit. Il doit aussi effectuer un suivi et faire du renforcement positif dans le cas d'amélioration notable ou prendre les mesures administratives qui s'imposent si aucun changement ne se produit.

La mise en pratique des conseils donnés dans le présent chapitre, « Consultons, écoutons, impliquons », et dans le septième chapitre, « Soyons présent, soyons reconnaissant », permet de motiver les employés et, du même coup, de prévenir et de contrôler le présentéisme et l'absentéisme.

À cet effet, dans une organisation présentant un degré d'absentéisme très élevé, j'ai pris deux décisions qui ont produit d'excellents résultats. La première a été d'établir une politique sur la présence au travail dans laquelle nous avons demandé à tous les employés de contacter leur supérieur immédiat afin de signaler la raison de leur incapacité à se présenter au travail. Il est toujours plus embarrassant de fournir des explications à un patron, surtout si c'est lui qui approuve les feuilles de temps, que de la dire à un autre employé : tu informeras mon patron que je ne peux pas venir travailler aujourd'hui. L'application de cette politique a eu immédiatement un impact significatif sur la présence au travail.

La deuxième décision a été d'implanter la loterie de la présence au travail qui attribuait deux voyages dans le Sud par trimestre. Par l'entremise du club social, de la direction du service informatique et du service de la rémunération, toutes les personnes qui avaient respecté leur horaire de travail voyaient leur nom transféré dans un « baril informatique » à chaque paie. À la fin du trimestre, 100 noms étaient tirés au hasard par l'ordinateur ; ces noms étaient mis dans des capsules et déposés dans un vrai baril. Tous les vendredis suivants à la cafétéria, dans une mise en scène bien animée avec la publicité appropriée, 50 % des capsules étaient pigées pour le prochain tirage, et ce, jusqu'à ce que deux personnes remportent le voyage en question. De plus, une semaine de vacances était tirée au hasard parmi les équipes qui avaient le plus haut taux de présence au travail. L'équipe gagnante avait par la suite le choix de faire tirer cinq journées individuelles de vacances ou une semaine parmi ses membres. Les économies générées par cette stratégie dépassaient largement la dépense engendrée et ces récompenses accentuaient la pertinence de la présence au travail.

Parlons maintenant de la **gestion des ressources financières et matérielles.** Le comité de vérification, ou autre comité du genre, doit rencontrer sur une base régulière les gestionnaires pour discuter des diminutions ou augmentations de revenus et de l'évolution dès dépenses budgétaires de leur service. Cette procédure ne vise nullement à réprimander le gestionnaire qui n'a pas atteint ses objectifs, mais plutôt à analyser avec lui la situation et à vérifier la pertinence des solutions qu'il propose.

Ces rencontres se font dans un climat de cordialité. Elles nécessitent toujours la présence du supérieur immédiat, du directeur des finances et des membres du comité de vérification, lequel, dans le réseau de la santé notamment, est une entité prévue par la *Loi de la santé et des services sociaux.*

Pour mener à bien la gestion des organisations et atteindre les objectifs fixés, nous avons tout intérêt à consulter, à écouter et à mettre à contribution le savoir-faire de tous. Rappelons-nous les frustrations que nous avons déjà vécues ou peut-être fait subir à d'autres parce que ces aspects de la gestion avaient été négligés. Rappelons-nous également les coûts magistraux que notre organisation et la société ont dû supporter parce que des dirigeants n'avaient pas consulté, écouté et impliqué leur personnel.

Savez-vous pour quelle raison il y a eu rapidement une prolifération de syndicats dans nos organisations ? Simplement parce que nous n'avons pas appris à consulter, à écouter et à impliquer. Si vous ne le faites pas, d'autres le feront. Les organisations ne tolèrent pas de vide. Cela dit, il ne faut cependant pas oublier que, dans toute organisation, il y a des personnes qui sont payées pour prendre des décisions et qu'elles doivent parfaitement assumer leurs responsabilités. L'indécision paralyse souvent les organisations.

On entend souvent les cadres alléguer qu'ils manquent de temps et qu'ils sont débordés. Si vous désirez augmenter votre performance, utilisez régulièrement l'A-B-C-D de l'efficacité. Avant de faire quoi que ce soit, donnez une valeur à tout ce que vous allez faire. Inscrivez cette valeur sur vos documents ou dans votre agenda vis-à-vis de vos activités. Voici donc ces valeurs :

A. C'est un travail ou une activité prioritaire que vous devez obligatoirement faire dans les plus brefs délais.

B. C'est ce que vous devez faire quand vous aurez terminé ce qui est prioritaire.

C. C'est ce que vous pouvez déléguer à une autre personne (par exemple : tâches à exécuter ou documents à classer).

D. C'est ce que vous avez décidé d'éliminer.

De plus, efforcez-vous de ne jamais manipuler plus de deux fois le même papier ou dossier.

Quand j'étais étudiant à l'université, j'avais beaucoup de difficultés et pour m'aider, j'avais adopté un dérivé de cette stratégie. Ainsi, je n'étudiais jamais plus d'une heure par matière, puis je prenais une pause de 10 minutes avant de poursuivre. Dans un petit carnet de poche, je notais la période d'étude, par exemple la comptabilité = 19 h à 20 h, et j'inscrivais à côté la note A, B ou C ; A = j'avais été concentré, B = moyennement concentré et C = pas du tout concentré. Cette façon de procéder me permettait de maximiser mon efficacité. Je dois avouer que c'est grâce à cette stratégie et au temps que j'y ai mis que j'ai réussi ma formation universitaire.

CE CONSTITUANT DANS L'ORGANISATION

Pour intégrer ce constituant au sein de l'organisation, je suggère :

- ✔ De rendre les gestionnaires responsables et imputables du climat organisationnel dans leur service, de la gestion du capital humain et de la gestion des ressources financières et matérielles en leur fournissant les ressources budgétaires nécessaires.

- ✔ De procéder à un sondage en trois étapes : la première année, on fait un sondage auprès de l'ensemble de l'organisation ; la deuxième, auprès de chacune des directions ; et la troisième, auprès de chacun des services.

- ✔ De dresser la liste des constats résultant du sondage.

- ✔ D'élaborer des plans d'action visant à apporter les correctifs appropriés.

✔ De préciser les rôles respectifs du service de santé, de la direction des ressources humaines et des supérieurs immédiats à l'égard de l'absentéisme.

✔ De veiller à ce qu'aucun aménagement ou processus touchant directement un employé dans sa tâche ne puisse être amorcé sans que celui-ci ait été consulté.

✔ De donner le plus grand nombre possible de mandats au plus grand nombre possible de personnes ou de comités. Exemples : rénovation ou décoration d'un local, choix du photocopieur, aménagement d'une terrasse, etc.

✔ De déléguer des responsabilités sans oublier l'autorité pour les exercer.

✔ D'accorder de l'autonomie dans un territoire donné avec des paramètres clairement déterminés.

✔ De consulter, d'écouter et d'impliquer le personnel non seulement lorsque ça va mal mais également quand ça va bien.

6

Fournissons rapidement des réponses et résolvons promptement les problèmes

Il faut admettre que les cadres sont soumis à de curieux paradoxes. Ils doivent prendre des décisions claires et rapides qui rallieront les employés, mais habituellement, pour gagner les appuis et obtenir un fort consensus, ils doivent aussi s'accorder du temps. Alors, la question se pose : Comment peut-on fournir rapidement des réponses et résoudre promptement les problèmes ?

La réponse n'est pas simple. Elle réside avant tout dans la tolérance du cadre envers l'ambiguïté et la complexité ; ensuite, dans sa capacité à bien gérer son temps et à établir ses priorités. La perfection dans la prise de décisions n'est pas forcément ce qui nous permet d'être le plus performant. Il y a la qualité, mais aussi la quantité des décisions prises à considérer. Il faut donc s'attarder d'abord aux éléments qui ont le plus de portée, notamment à ceux reliés à l'être humain.

FOURNISSONS RAPIDEMENT DES RÉPONSES

Pour travailler dans le plaisir, il faut obtenir rapidement des réponses à nos demandes. Malheureusement, dans les organisations, on tarde souvent à les fournir, ce qui crée de la frustration. En effet, un délai déraisonnable peut être perçu comme le signe d'un manque de respect et de considération.

Le cadre considère parfois la demande qu'on lui fait comme un détail, et c'est ce qui lui permet de justifier, jusqu'à un certain point, son manque d'empressement à fournir une réponse. Combien de fois avons-nous vu des personnes demander longtemps à l'avance un congé, pour un baptême ou un mariage par exemple, et se faire répondre par le supérieur : « Je vais y penser » ou « Je vais te l'accorder si je peux te remplacer. » La personne attend, angoisse, devient frustrée. À un moment donné, elle se dit : « Au diable la réponse, je le prends, mon congé ! »

Voilà un exemple où le supérieur aurait eu tout avantage à planifier le remplacement et à confirmer son congé à l'employé plutôt que d'apprendre le matin même que celui-ci venait de se déclarer malade... Si le congé ne peut être accordé, le cadre devrait en informer l'employé le plus rapidement possible, en lui expliquant clairement les raisons de son refus. Il y a de fortes chances que la personne comprenne la situation. Peut-être même proposera-t-elle une solution, comme échanger son quart de travail avec un collègue. Donner une réponse n'est pas forcément trouver une solution.

Un jour, dans une organisation que je dirigeais, un cadre a fait une proposition intéressante. Il a suggéré que tous les cadres s'engagent à répondre aux employés dans les sept jours suivant leur requête, si celle-ci était formulée par écrit.

Sa logique était la suivante : nous recevons une multitude de demandes par téléphone, par télécopieur, par courriel ou de vive voix quand nous sommes à nos bureaux, et la quantité augmente, pour toutes sortes de raisons, lorsque nous circulons dans l'organisation. Nous en recevons parfois tellement que nous oublions, bien involontairement, certaines d'entre elles, frustrant ainsi les personnes qui nous les ont adressées.

Lorsque la demande est formulée par écrit, nous pouvons nous astreindre, au moins une fois par semaine, à faire le point et à fournir une réponse verbale, ou écrite si nécessaire. Si nous n'avons pas encore de réponse à donner au bout des sept jours, nous informons le demandeur de ce qui a été fait dans le dossier et nous donnons une réponse dans les jours suivants. Cela constitue déjà une réponse, et la personne sait que sa demande n'est pas tombée dans l'oubli. Je peux vous confirmer que l'adoption de cette façon de faire produit d'excellents résultats.

Il est toutefois impératif de ne pas prendre de décisions et fournir de réponses sous la pression. La stratégie utilisée dans cette situation est de dire que vous allez y penser.

RÉSOLVONS PROMPTEMENT LES PROBLÈMES

Dans le plaisir au quotidien, on est en mode « solution » plutôt qu'en mode « problème ». Dans les organisations, on laisse traîner trop longtemps les problèmes, pensant peut-être qu'ils se régleront grâce à la main de Dieu ! On doit réaliser que, si on n'agit pas, on risque non seulement de voir le problème s'amplifier, mais aussi de perdre le respect de ses employés, respect qu'il peut être difficile de récupérer par la suite. Comme cadre, on est jugé autant sur ce qu'on fait que sur ce qu'on ne fait pas.

Vous connaissez les maximes *Tout ce qui traîne se gâte* et *Le temps arrange les choses*. Moi, je crois que tout ce qui traîne se gâte et que le temps arrange rarement les choses. Tout au plus, il les cicatrise. Donc, n'attendons pas que le bordel s'installe et que la marmite saute, car, après, il faudra investir deux fois plus d'énergie pour que la situation revienne au beau fixe. Bien sûr, on doit savoir juger de l'urgence d'un problème. Certains sont urgents et doivent être traités dans les plus brefs délais, alors que d'autres sont importants mais pas urgents (on ne doit pas les laisser traîner pour autant).

Dans une organisation que j'ai dirigée, les cadres s'étaient engagés à résoudre dans un délai de 30 jours ouvrables les problèmes qui relevaient de leur responsabilité et qui leur seraient présentés par écrit. Si au bout de ce délai ils n'avaient pas réglé le problème ou entrepris des démarches pour le régler, la personne qui leur avait fait la demande pouvait transmettre une copie conforme de sa requête à une autorité supérieure.

Cette procédure est inspirée de celle adoptée par la chaîne d'hôtels Marriott, qui compte plus de 12 000 établissements dans le monde. Le PDG de cette chaîne autorise les employés à lui écrire si la direction de l'hôtel où ils travaillent n'a pas résolu le problème qu'ils lui ont soumis dans un délai raisonnable, et il leur garantit une réponse dans les 10 jours ouvrables. Considérant le nombre d'employés œuvrant pour sa chaîne, le PDG s'attend évidemment à ce que la direction de chaque hôtel règle efficacement les problèmes à l'interne. J'imagine qu'il n'aimerait pas consacrer beaucoup de temps à cette tâche.

Je peux vous confirmer que cette façon de procéder permet de régler très promptement les problèmes plutôt que de les accumuler et de renvoyer leur résolution aux calendes grecques. Elle contribue donc, par le fait même, à réduire la quantité d'irritants au sein de l'organisation.

Pour fournir rapidement des réponses et résoudre promptement les problèmes, il faut absolument faire preuve de courage. C'est une qualité dont on a de plus en plus besoin dans les organisations, mais qu'on affiche de moins en moins. Il faut d'abord avoir le courage de dire «oui» ou «non»; ensuite, le courage d'oser faire les choses autrement.

Qui que nous soyons et quoi que nous fassions dans une organisation, nous ne pouvons pas toujours tout accepter. Il faut donc avoir le courage, parfois, de dire: «Non, je ne peux pas.» Évidemment, il y a une multitude de façons de le dire ou de le laisser comprendre sans blesser. On peut utiliser les formules suivantes: j'ai des réserves; je ressens un inconfort; je trouve ça dérangeant; je n'en vois pas la pertinence; ça m'apparaît difficile; j'anticipe des réactions; j'ai des contraintes; il sera difficile de...; je crains les conséquences; etc.

Remarquez qu'il y a des «oui» aussi difficiles à prononcer que des «non», parce que les conséquences qu'ils entraînent sont aussi importantes que celles d'un «non». Je ne fais évidemment pas allusion au mariage!

Un de mes collègues, Bob, était atteint du syndrome de la «branlette», c'est-à-dire que, lorsqu'il devait prendre une décision qui l'embarrassait, il dodelinait de la tête comme le font les petits chiens qu'on installe sur le dessus de la banquette arrière des voitures. On demandait à Bob: «Es-tu d'accord?» Il répondait en branlant la tête: «Bien là, je vais y penser... Je vais réfléchir... On va se rencontrer et on va en discuter... Je vois des problèmes, mais il y a des solutions... Il y a des avantages, mais aussi des inconvénients...» Il ne se décidait jamais! À l'occasion, on lui disait: «Accouche, Bob! Quand le bébé va arriver, il va savoir marcher!»

Pour prendre une bonne décision, il faut parfois se fier à son intuition. Nous laissons trop souvent la raison dicter nos choix et nous oublions que, lorsque nous exerçons un leadership, nous devons aussi suivre notre instinct. Les bonnes décisions sont souvent un amalgame de l'intuition et de la raison. Wayne Gretzky avait développé cette capacité. Tous les joueurs de hockey savent où est la rondelle sur la patinoire, mais c'est grâce à sa capacité d'anticiper où elle peut se déplacer pour la capter et compter un but, que Gretzky a été consacré joueur-étoile de la Ligue nationale. L'intuition, c'est ce qui permet, entre autres, d'anticiper l'imprévu. Il m'est arrivé de prendre des décisions contraires à celles qui avaient été souhaitées et d'obtenir des résultats me donnant raison.

Notre intuition est aussi l'héritage que nous ont laissé nos expériences passées. Notre subconscient enregistre un nombre impressionnant de renseignements. Ce n'est pas parce qu'on est le seul à voir les choses d'une certaine façon qu'on n'a pas raison ; ça ne signifie pas pour autant qu'il faut être borné. Notons que l'être humain n'est pas constitué seulement d'un cortex cérébral. Il a un cœur et des viscères dans lesquels il y a également des neurones. Cela a été démontré récemment par des scientifiques du Heartmath Institute, aux États-Unis.

Je recommande aux personnes plus cartésiennes, celles qui ont absolument besoin de suivre un processus, de miser sur les cinq « je » : je sens, je sais, je veux, je peux et je fais. J'ai déjà pris, en misant sur le « je sens », deux décisions qui ont changé radicalement le cours de ma vie personnelle et professionnelle. J'ai réalisé après peu de temps que ces décisions étaient les bonnes.

Combien de fois avons-nous dit ou entendu dire, après la prise d'une décision qui a connu du succès : « Je sentais que je devais faire ça. » Eh bien, oui, à l'occasion, nous avons tout intérêt à prendre du recul pour réfléchir et écouter davantage nos *feelings*, à croire ce qu'on sent et ressent. L'ère du rationnel inconditionnel est terminée. Il faut se rappeler que l'être humain est d'abord un être de sens et d'émotions. Souvent, ce sont les mots qui séparent les gens. Il faut, de temps à autre, que nous nous arrêtions pour nous demander comment nous nous sentions au moment précis où nous avons pris une décision, puis observer si le résultat que nous avons obtenu est en corrélation avec notre intuition. Faisons-nous confiance !

Vous avez de la difficulté à prendre une décision concernant un dossier que vous avez pourtant rigoureusement analysé ? Voici un truc qui provient de la NASA et dont j'ai pu constater l'efficacité à plusieurs reprises. Il s'agit de vivre des émotions positives, en rigolant de 5 à 10 minutes, par exemple.

La NASA a démontré que les instants où l'on vit des émotions positives font partie des rares moments où les hémisphères droit et gauche du cerveau sont en parfaite symbiose et que les décisions prises dans les 20 minutes suivantes sont habituellement les bonnes, car elles ne sont dictées ni par une trop grande rationalité ni par une trop grande émotivité. Il a été démontré que, lorsque nous vivons des émotions positives, nous réglons les problèmes jusqu'à quatre fois plus rapidement qu'à l'habitude.

Un de mes amis utilise le truc de la NASA pour enseigner les mathématiques. Il raconte des histoires drôles, fait rire ses élèves et, tout de suite après, aborde la matière difficile. Il est considéré comme l'un des meilleurs professeurs de mathématiques de sa région, et les notes obtenues par ses élèves en témoignent largement.

Dernièrement, j'ai lu qu'un des meilleurs professeurs de chimie à l'Université Harvard utilisait lui aussi la stratégie de la NASA. Un jour, mon ami a été convoqué au bureau de la nouvelle directrice du collège où il enseigne. Elle lui a demandé de faire moins de *jokes* dans ses cours. Elle faisait partie de ces personnes qui croient qu'il faut toujours être sérieux et se prendre au sérieux pour atteindre de bons résultats. Elle ne savait sans doute pas que le fait de vivre des émotions positives augmente la capacité de concentration et facilite l'assimilation de la matière difficile.

Dans mes conférences sur la philosophie de la PPLP, je fais appel à l'humour pour que le public demeure attentif et retienne le contenu. Mais il existe plusieurs autres moyens de susciter des émotions positives :

• Entourez-vous uniquement de personnes positives ; éliminez de votre entourage celles qui parlent continuellement de ce qui ne va pas dans leur vie ou dans la société.

- Lisez des livres sur la pensée positive et le potentiel humain.

- Pensez à des situations qui vous font vibrer et visualisez-les dans les moindres détails, en faisant appel à tous vos sens.

- Pensez à des événements que vous avez vécus et qui vous ont totalement comblé.

- Jouissez à l'avance d'un événement qui vous apportera plaisir et satisfaction.

- Faites une activité ou posez un geste qui vous rendra pleinement heureux.

- Évitez de penser à des situations catastrophiques qui pourraient survenir ; cela a un impact négatif et vous empêche d'avancer.

- Écoutez une musique stimulante qui vous donne de l'énergie.

- Assistez à des spectacles d'humour ou visionnez des films drôles.

- Faites des lectures amusantes et partagez-les.

La société nous a appris à être raisonnables ; elle nous a imposé des normes et nous a programmés. Elle nous a même conditionnés à nous autoprogrammer. Voici quelques exemples pour le prouver :

- De 7 à 10 aliments composent environ 80 % de notre alimentation.

- Nous nous déshabillons à peu près toujours à la même place et envoyons presque invariablement nos bobettes dans le même coin… Un bon soir, déshabillez-vous dans le salon, lancez vos bobettes devant le téléviseur, prenez un fruit et mordez dedans à pleines dents en regardant votre conjoint et en grognant! Attendez de voir l'effet que vous produirez! (Je l'ai essayé, et croyez-moi, ça donne tout un résultat!)

- Nous réglons presque toujours notre réveille-matin à une heure précise. Si nous désirons nous lever à 6 h 30 et que, par erreur, nous réglons le réveil à 6 h 31, que faisons-nous? Au lieu de nous coucher, nous refaisons le tour du cadran pour le régler exactement à 6 h 30. Nous ne sommes pas programmés pour nous lever à 6 h 31 ou à 6 h 29, mais à 6 h 30!

- Environ 65 % des hommes dorment du côté droit du lit. Si on leur demande pourquoi, ils répondent: «Oh, c'est parce que je suis droitier. Et à part ça, j'ai toujours dormi de ce côté.» On leur demande alors si leur conjointe est gauchère, et ils disent: «Non, mais pour elle, ce n'est pas grave: elle dort sur le ventre.»

- Au déjeuner, nous consommons souvent les mêmes aliments et nous assoyons presque invariablement au même endroit. Nous nous disons que nous avons notre place et que notre partenaire a la sienne. Un matin, si vous désirez lancer une bonne chicane avec votre conjoint ou votre conjointe, prenez sa place. Si on vous dit «Tu es assis à ma place», répondez «Ton nom n'est pas inscrit sur la chaise. » Cette expérience, que j'ai tentée, m'a permis de vivre une très belle réconciliation… 15 jours plus tard ! J'avais oublié que la chaise appartenait à ma conjointe.

• Nous entrons toujours dans notre véhicule par la même porte. Remarquez que si vous êtes le conducteur, vous avez tout intérêt à le faire. Mais si vous êtes passager, un beau matin, assoyez-vous à l'arrière sans rien dire. Vous serez surpris de la réaction du conducteur.

• Nous nous rendons toujours au travail par le même chemin. Des exercices sur les modèles mentaux m'ont déjà amené à emprunter un chemin différent chaque jour, pendant 10 jours. Eh bien, cette expérience m'a permis non seulement de découvrir des choses étonnantes, mais aussi de trouver des raccourcis qui m'ont bien servi par la suite.

• Nous entrons toujours au bureau par la même porte, avec la même face (nous voyons d'ailleurs toujours les mêmes faces). Un bon matin, entrez en vous faisant sécher les dents et en ne disant rien. Notez la réaction de vos collègues. Un autre jour, arrivez au travail avec un casque de pompier sur la tête. Si quelqu'un vous dit « Un casque de pompier à matin ! Qu'est-ce qui se passe ? », répondez-lui « J'ai décidé d'éteindre tous les feux aujourd'hui. » Ou bien mettez une casquette de policier et annoncez : « Aujourd'hui, j'arrête toutes les folies ! » Avec un chapeau de cow-boy sur la tête, dites : « Je vais descendre ça, le rapport que j'ai à faire ! »

- D'une réunion à l'autre, nous nous assoyons presque toujours à la même place. Une bonne fois, prenez la place de votre patron. S'il vous dit « T'es assis à ma place », répondez-lui « Y avait pas de nom inscrit sur la chaise. » Petit conseil : ne le faites pas avec n'importe quel patron, car ils n'entendent pas tous à rire !

- Les réunions se déroulent à peu près toujours de la même façon. Pour créer de l'émotion au début d'une réunion, racontez une histoire drôle à vos collègues ou offrez-leur sans raison une collation. Rien de mieux pour détendre l'atmosphère et disposer les gens à bien travailler.

Il faut reconnaître que la routine procure un certain plaisir, qu'elle est rassurante, mais qu'elle peut aussi mener à la sclérose. Einstein disait : « L'imagination est plus importante que l'intelligence. » Donc, faisons preuve de créativité, d'imagination, et utilisons la technique de la pelure d'oignon, à laquelle on a recours dans l'Action Learning : posons-nous constamment la question « pourquoi ? » Ce petit mot, tout simple, non menaçant, m'a permis de remettre beaucoup de choses en question et même de récupérer des centaines de milliers de dollars dans les organisations où j'ai eu le plaisir de travailler.

Durant plusieurs années, je me suis demandé comment Einstein, qui n'était pas considéré comme un surdoué, avait pu élaborer la théorie de la relativité. Cette année, il m'a donné lui-même la réponse. Dans un excellent documentaire sur sa vie, on l'entend dire : « J'ai toujours conservé mon cœur d'enfant et j'ai utilisé régulièrement le mot *pourquoi* dans ma vie. » C'est par ailleurs en répétant sans cesse ce mot que les enfants développent leur logique :

« Pourquoi, papa, prends-tu de la farine ?

— Pour faire un gâteau.

— Pourquoi, papa, prends-tu un plat ?

— Pour y mettre la farine.

— Pourquoi, papa, prends-tu un grand plat ?

— Parce que j'ai beaucoup de farine.

— Pourquoi, papa, as-tu beaucoup de farine ?

— Parce que je fais un gros gâteau.

— Pourquoi fais-tu un gros gâteau ?

— Parce qu'il va y avoir beaucoup de monde.

— Pourquoi va-t-il y avoir beaucoup de monde ?

— Parce que… parce que c'est comme ça ! »

Eh oui, c'est ce qu'on finit par répondre à un moment donné.

Pourquoi, dans les organisations, fait-on telle ou telle chose de telle façon ? Parce que ! Parce que c'est comme ça ! Souvent, on ne se pose même plus la question, on est branché sur le pilote automatique. Pourquoi telle personne fait-elle ce travail ? Pourquoi envoie-t-on trois copies à tel endroit ? Pourquoi la personne qui les reçoit a-t-elle besoin de trois copies ? etc.

Nous ne réfléchissons plus, nous exécutons. Et lorsque nous n'atteignons pas nos objectifs, nous montrons facilement du doigt les employés au lieu de remettre en question nos vieilles habitudes et nos façons de faire.

Je vous suggère donc d'utiliser les mots « pourquoi » pour rationaliser et ensuite « pourquoi pas » pour créer. Malheureusement, dans la majorité des organisations, on néglige de plus en plus le potentiel créatif des employés. À certains endroits, on imagine même que ce potentiel se retrouve uniquement dans le service qu'on appelle « Service de recherche et de développement » – même si aucune recherche scientifique n'y est effectuée. D'ailleurs, si nous en sommes rendus à créer ce genre de services, c'est parce que nous ne mettons pas à profit l'intelligence de l'ensemble du personnel. Je pense que nous devrions plutôt encourager la créativité et faire confiance à nos employés.

Lorsqu'on fait toujours les mêmes choses de la même façon, on obtient toujours les mêmes résultats. Osez sortir du cadre normatif de votre zone de confort pour découvrir de nouvelles choses et agir différemment. Un de mes amis, propriétaire d'une importante concession d'automobiles à Montréal, était arrivé à la conclusion qu'il devait créer un poste de directeur du développement. Il désirait avoir une personne passionnée et dotée d'un bon sens de créativité. Il a alors fait savoir à tous les employés occupant un emploi de supervision que ce poste serait créé dans six mois. Ayant déjà adopté une orientation de promotion par l'interne pour développer le sentiment d'appartenance et ainsi fidéliser ses employés à l'organisation, il a indiqué qu'il retiendrait la candidature de tous les intéressés pouvant fournir tous les mois une idée sérieuse et facilement réalisable permettant de réduire les dépenses, d'augmenter les ventes, de développer la clientèle, de bonifier l'image de l'organisation ou d'augmenter l'efficience de celle-ci. Ce qui signifiait un total de six suggestions pour être candidat. La démarche a été tellement rentable et profitable, qu'après la nomination du nouveau directeur, il a instauré une prime de la créativité, remise trimestriellement aux employés ayant fourni une suggestion qui a été mise en application. De plus, ceux-ci se rendaient éligibles au tirage annuel d'un voyage dans le Sud pour deux personnes avec semaine de vacances payée ! Voilà une excellente façon de développer la créativité.

La ligne droite nous permet de réaliser de grandes choses, mais elle peut également nous empêcher d'innover et de créer. Pour en avoir la preuve, faites les deux petits tests suivants.

Test 1 : Tracez un carré, puis divisez-le en quatre parties. Ensuite, demandez-vous de combien d'autres façons vous êtes capable de diviser un carré en quatre.

Test 2 : Sur une feuille, dessinez trois points alignés de manière horizontale et espacés d'un pouce. Ensuite, un pouce au-dessous de ces trois points, tracez-en trois autres. Enfin, un pouce au-dessous de ceux-ci, tracez-en trois derniers. Reliez les neuf points en traçant quatre lignes droites, sans lever votre crayon ni passer deux fois sur une même droite.

Vous trouverez la solution de ces tests à la fin du chapitre.

Il est toujours difficile de sortir de sa zone de confort ; pourtant, chaque fois que je l'ai fait, j'ai appris de nouvelles choses et j'ai grandi. Il ne faut pas toujours craindre la turbulence et chercher à l'éviter, car c'est souvent grâce à elle que nous trouvons des solutions nouvelles, des idées novatrices, et que nous progressons. Cela vaut autant dans notre vie personnelle que professionnelle. Remarquez qu'il n'est pas toujours nécessaire de créer de la perturbation pour atteindre des résultats.

Victor Hugo disait : «Les règles sont utiles aux talents et nuisibles aux génies.» Les génies sont les personnes qui regardent dans la même direction que les autres mais qui voient, entendent et comprennent autre chose.

Si vous désirez vous distinguer et vous faire remarquer dans une organisation, faites quelque chose de différent. Ne soyez pas à la mode. Pourquoi ? Parce que les modes se démodent. OSEZ ! Le ridicule ne tue pas, car si c'était le cas, il y a longtemps que je serais mort ; cependant, je ne me suis jamais ridiculisé. Nous ne venons qu'une seule fois sur terre. N'est-il pas important d'y laisser – du moins un certain temps – une petite trace de notre passage ? Très souvent, nous pensons que notre bonheur dans une organisation doit provenir de notre supérieur. Erreur ! Le bonheur doit venir de nous et nous avons tous une très grande responsabilité à assumer pour le trouver. Si vous êtes mécontent de ce qui se passe, je vous invite à «proposer quelque chose et à cesser de chialer». Nous avons tous un pouvoir extraordinaire que nous n'utilisons pas ou très peu : le GBS (gros bon sens).

En 32 ans de carrière, j'ai rarement rencontré des chefs d'entreprise ou des cadres non réceptifs à considérer des solutions intelligentes pour régler des problèmes, bonifier le climat organisationnel et augmenter la performance. Il s'agit simplement d'OSER !

CE CONSTITUANT DANS L'ORGANISATION

Pour intégrer ce constituant au sein de l'organisation, je suggère :

✔ De répondre aux employés dans les sept jours suivant leur demande, si celle-ci a été formulée par écrit.

✔ De faire en sorte que la direction incite les cadres à résoudre les problèmes signalés par écrit dans un délai de 30 jours ouvrables et qu'elle établisse une procédure de suivi pour s'assurer que cette consigne soit respectée.

✔ De jouer le rôle de consultant pour s'élever au-dessus des situations et trouver des solutions.

✔ De remettre régulièrement les façons de faire en cause en se posant la question « Pourquoi ? ».

✔ D'oser faire les choses autrement en se disant « Pourquoi pas ? ».

✔ De donner des primes ou des récompenses, y compris des congés, pour encourager la créativité et l'innovation.

SOLUTION DES DEUX PETITS TESTS :

Test 1 : On peut diviser le carré en quatre parties d'une quantité infinie de façons.

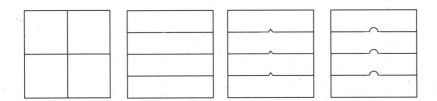

Test 2 : Pour relier les neuf points, il faut sortir du cadre.

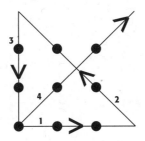

7

Soyons présent, soyons reconnaissant

Lorsque nous éprouvons du plaisir, vous remarquerez que nous sommes allumés, totalement attentifs et présents. C'est souvent loin d'être le cas dans nos organisations, où certains cadres ne sortent plus de leurs bureaux ou sont constamment en réunion.

SOYONS PRÉSENT

Ce n'est pas normal que, dans certains milieux de travail, les employés ne voient que très rarement leur supérieur immédiat. Ce n'est pas normal non plus que, après un an ou plus de service dans une organisation, des personnes ne soient pas en mesure de reconnaître le directeur général et les cadres supérieurs parce que ceux-ci ne se montrent jamais. Si en tant que cadre votre argument est que vous manquez de temps, ça signifie uniquement que vous êtes incapable de le gérer efficacement et que vos employés sont moins importants que vos dossiers. Être vu sur le plancher comme on le dit et parler avec les employés sont des gestes des plus appréciés par ceux-ci. Et c'est encore moins normal, pour ne pas dire inadmissible, qu'un employé qui part à la retraite ne connaisse même pas et n'ait jamais vu la personne qui prononce le discours de circonstance ! Il me semble qu'il y a un gros problème dans tout ça !

Non seulement nous ne sommes plus présents, mais lorsqu'il nous arrive de rencontrer des gens, nous ne prenons pas le temps de leur dire bonjour, de leur sourire, de les saluer, d'entrer en relation avec eux. Nous abordons immédiatement les problèmes. Nous oublions, en fait, le principe de réciprocité : si tu veux qu'on te salue, salue le monde ; si tu veux qu'on soit aimable, sois-le toi-même.

Dans les organisations, il y a de plus en plus de ce que j'appelle des **dinosaures.** Ils sont assez faciles à reconnaître. Habituellement, le dinosaure moyen se promène en tenant dans ses mains une feuille de papier qu'il fixe constamment, ou il regarde le plancher. Il marche penché, parfois même la tête entre les deux jambes. Le dinosaure ne voit personne, il ne peut donc pas vous dire bonjour. Si vous désirez absolument être salué quand vous le rencontrez, inscrivez « BONJOUR » sur une feuille et marchez à côté de lui en la tenant à la hauteur de ses mollets. Peut-être qu'il finira par vous voir !

Il y a aussi les **jeunes loups.** Quand ils se déplacent, ils regardent seulement le plafond. Ils ne voient même pas les murs. On dirait qu'ils ont un bâton de hockey dans le derrière. Ils semblent même en avoir une douzaine, parfois ! Ils aiment jouer au boss. Les « *I'm the boss* » ne peuvent pas nous saluer, car ils ne nous voient pas. Si vous êtes assez grand, tenez une feuille sur laquelle est inscrit « BONJOUR » à bout de bras, au-dessus de leur tête...

Ensuite, il y a évidemment les **exorbités.** Ils marchent dans les corridors avec des yeux grands comme des bols à soupe. On pense qu'ils vont nous avaler quand on les rencontre, mais non, tout ce qu'ils visent, c'est le bout du corridor. Si vous désirez qu'ils vous saluent, tenez-vous dans les cadres de porte et faites comme les Cubains : criez « ¡Hola! » Peut-être vont-ils finir par vous voir.

Souvent, on ne se montre même pas disponible avec les personnes à qui on donne rendez-vous. On se laisse constamment déranger par la secrétaire, le téléphone, le courriel, le télécopieur, la « pagette » ou un collègue qui a une urgence. On demande alors à la personne qui est dans notre bureau de nous excuser un moment et, finalement, on la laisse poireauter 5, 10, 15 minutes... Ou mieux, on pense faire preuve de courtoisie en la mettant à la porte et en la laissant attendre dans le corridor ! On peut même pousser la politesse jusqu'à lui demander de revenir un autre jour, alors qu'on avait soi-même sollicité le rendez-vous.

La grande majorité des sondages révèlent qu'environ 90 % des employés considèrent que les qualités du patron idéal sont le respect, l'authenticité, le sens de la communication, etc. Ce sont toutes des qualités dont on ne peut faire preuve qu'en étant présent. On est jugé sur ce qu'on fait au quotidien, sur des petites choses.

Il faut aussi avoir conscience que, très souvent, on n'est même plus présent pour soi-même. On essaie de faire deux ou trois choses en même temps. Parfois, je vais au Nautilus et je regarde le monde. Un gars pédale, lit son journal, écoute son *walkman* et jette un coup d'œil à la télé ! Quatre choses en même temps, mesdames !

Dans le quotidien, c'est pareil : on revient de travailler, on mange en regardant la télé, on répond à ses enfants, on parle avec son conjoint et on flatte le chien. Parfois, on flatte le conjoint et on parle au chien ! Je le sais, j'ai déjà eu un chien !

Un jour, dans une organisation que j'ai dirigée, un cadre a proposé à l'ensemble de ses collègues de sourire et de saluer chaque employé qu'ils rencontraient au travail. C'était relativement facile à faire, puisque les employés étaient tous tenus de porter un insigne indiquant leur nom. Ce petit geste anodin a eu un effet étonnant.

Quinze jours après que les cadres ont commencé à saluer le personnel, j'ai rencontré dans un corridor, par pur hasard, un psychiatre que j'avais déjà vu à quatre ou cinq reprises. Je lui ai dit bonjour en le croisant, mais il ne m'a pas répondu. Je me suis arrêté et me suis tourné vers lui. Il était déjà rendu à quelques pieds de moi. Je lui ai crié : « Docteur ! » Il s'est retourné, et je lui ai lancé : « Bonjour, Docteur ! Bonne journée ! » Il s'est transformé en statue de plâtre. Il ne bougeait plus. Je croyais l'avoir momifié. Eh bien, par la suite, quand je le rencontrais dans un corridor, deux fois sur trois, savez-vous ce qu'il faisait ? Il changeait de corridor ! Mais non, c'est une blague. Il souriait et me disait toujours : « Bonne journée, Monsieur Tremblay ! » Ce serait si agréable si tout le monde agissait ainsi...

Laissez-moi vous raconter une expérience que je vis fréquemment et que vous vivez probablement aussi parfois. Dans un supermarché où je vais régulièrement, une des caissières se prénomme Julie. Chaque fois que je me présente à sa caisse, elle est en grande conversation avec l'emballeur. Elle passe alors machinalement mes articles sur le lecteur de codes-barres, sans jamais me regarder ni me dire bonjour. Elle n'est tout de même pas pour interrompre sa conversation ! En fait, je réalise que je ne représente rien pour elle. Je fais partie d'un processus. J'apporte à sa caisse des produits qu'elle enregistre un après l'autre. Quand elle a fini, elle me regarde enfin et me dit « 108,75 $ ». C'est l'unique moment où elle me manifeste de l'attention. Incroyable !

Ayant pris conscience de l'importance de témoigner de l'intérêt aux autres et de les saluer avant de leur parler d'un dossier, les membres du comité de direction ont décidé un jour qu'aucun dossier n'aurait préséance sur l'humain. Et lorsque le naturel revenait au galop, on faisait de petits rappels sur une note humoristique, comme : « Bonjour, Jean-Luc ! As-tu fait de la voile en fin de semaine ? » ou « Annie, es-tu allée à la pêche hier ? »

Dans les organisations, le virtuel occupe de plus en plus de place, et la pertinence d'y être présent semble de moins en moins importante. On tolère et même on encourage le télétravail, ce qui est aux antipodes du travail d'équipe. Comment peut-on créer un esprit d'équipe si le personnel n'est pas sur place ?

La communication n'est pas seulement une juxtaposition de mots ; le langage non verbal en fait également partie. Il y a des impressions que nous ne pouvons ressentir qu'en étant en contact avec d'autres personnes, et ces impressions influencent nos comportements et nos décisions.

J'ai déjà eu un patron qui, assez souvent, me convoquait pour 10 minutes dans son bureau, mais m'y retenait une heure ou une heure et demie, abordant toutes sortes de sujets. Il était remarquablement, même démesurément présent. Il me faisait perdre mon temps. Une fois, j'ai appris que Loulou, sa douce moitié, qui avait une voix de *trucker*, lui avait dit : « Jacques, mon amour, je t'adore quand tu arrives à la maison à 18 h. » J'ai donc commencé à prendre rendez-vous avec lui à 17 h 15, prétextant que je n'étais disponible qu'à cette heure-là. Un jour, j'ai eu le plaisir de rencontrer Loulou. J'ai alors compris pourquoi il avait intérêt à rentrer à la maison à 18 h.

Actuellement, dans les organisations, on est débordé par les dossiers. On vit pour ses dossiers et on veut les régler de toute urgence. On gère des dossiers qui sont produits par du monde, alors qu'on devrait gérer du monde qui produit des dossiers. Vous connaissez ça, les priorités pour hier ? Eh bien, les nerfs, les dossiers prioritaires… dans vos filières, joualvert ! On va vous régler un après l'autre.

Il faut parfois mettre son pied à terre et dire que c'est impossible, surtout lorsque c'est vrai. Chaque fois que j'ai demandé à quelqu'un de régler un dossier dans un délai trop court et que je me suis fait répondre que c'était impossible, je me suis calmé le pompon. Et chaque fois que j'ai répondu la même chose à des autorités supérieures, elles se sont aussi calmé le pompon ! Savez-vous pourquoi ? Parce que nous avons tous enregistré dans notre mémoire et dans notre subconscient le proverbe *À l'impossible nul n'est tenu*.

À l'occasion, il faut se poser la question suivante : « Si ce n'est pas fait, est-ce que ça risque de changer ma vie ? » Comme le dirait l'excellent conférencier qu'est le docteur Serge Marquis, il y a très peu de chances que ça change votre vie. Remarquez que, si vous perdez votre emploi parce que vous avez refusé de respecter un échéancier et que vous avez une pension alimentaire à payer, oui, ça peut changer votre vie ! Moi, j'ajouterais : « Si ça risque de changer ma vie, est-ce que je peux en mourir ? » Vous connaissez la réponse… Si ça ne peut pas me faire mourir, ça va me faire grandir.

Sur votre lit de mort, en repensant à votre vie, direz-vous : « Ah ! Je me souviens du 5 novembre 2008 ! Le beau dossier que j'ai réalisé ! C'était fantastique, extraordinaire ! Quelle jouissance ç'a été ! Le meilleur orgasme de toute ma vie ! » Ce serait assez étonnant. Si vous dites cela, c'est que vous n'aurez peut-être pas été seul à travailler à ce dossier !

Il ne faut pas oublier que toute personne a un plafond quant à la charge de travail qu'elle peut exécuter et à la quantité de stress qu'elle peut absorber. Il faut tenir compte de ces limites et ne pas les dépasser, sans quoi de sérieux problèmes peuvent apparaître : maladie, démotivation, absentéisme, démission, etc.

Il en va de même dans les organisations. On ne peut pas toujours fonctionner à la vitesse maximale. Si on dépasse constamment la vitesse optimale, la machine s'emballe, et on cause des dommages collatéraux. Ceux-ci se traduisent par l'essoufflement et la lassitude de l'ensemble du personnel, un manque de dynamisme et de motivation. La morosité s'installe, le désengagement apparaît, et tout cela mène à un manque de productivité.

Certains cadres exercent une constante pression sur leurs employés pour que tout soit réalisé pour hier. C'est la recette parfaite pour démoraliser les troupes. Nous connaissons tous ce proverbe : *Si tu veux aller plus loin, ménage ta monture.* C'est à retenir…

Selon les statistiques, durant 50 minutes sur 60, on pense à hier ou à demain. Un lundi matin, mon adjointe entre dans mon bureau et est tout étonnée de voir que je me berce, les bras croisés, devant ma table de travail. Elle me dit : «Qu'est-ce que tu fais ?» Je lui réponds : «Je réfléchis.» Elle ajoute : «Tu réfléchis ! Un directeur général qui réfléchit, ça ressemble à ça ! Tu penses aux péchés que t'as faits ou à ceux que tu vas faire ?» Je réplique : «Non, je me demande ce qui est le plus important en ce moment.» Elle me remet alors les dossiers pour la prochaine réunion du conseil d'administration. Je me lève, je prends une chaise de l'autre côté de la table, je m'approche d'elle, je l'invite à prendre un café et lui demande ce qu'elle a fait en fin de semaine.

Le moment présent est ce qu'il y a de plus important, et le temps qu'on consacre aux gens est ce qu'il y a de plus enrichissant. L'instant présent est le produit du passé et un instrument pour l'avenir. Il faut en être conscient et en profiter pleinement. En passant, il est primordial de s'arrêter complètement et de simplement réfléchir, en ne faisant rien d'autre. Il est souvent plus payant de réfléchir de temps en temps que de travailler tout le temps.

À cet effet, j'ai adopté la stratégie suivante. J'ai toujours déterminé une période de la journée, le matin en l'occurrence, où je ferme la porte de mon bureau pour travailler et réfléchir sans me faire déranger. Je n'accepte aucune demande de rendez-vous à l'exception de mon patron. C'est moi qui fais la circulation : «je call les shuts» et je ne prends aucun appel téléphonique. Je contrôle parfaitement cette partie de la journée. Ce qui augmente mon efficacité et ma productivité. De plus, je peux convoquer à l'occasion des personnes pour différents dossiers et plus particulièrement les lundis matin où je sais que tous les cadres sont à leur bureau (voir le chapitre 11). L'après-midi, je réponds aux demandes et aux besoins de l'organisation. Je suis contre la politique de la porte ouverte ou de la porte fermée. Je pratique plutôt celle de la porte contrôlée.

Les personnes que nous avons côtoyées au travail ou dans notre vie privée ont assurément retenu ce que nous avons fait, mais encore plus comment « on était ». D'ailleurs, vous remarquerez que lorsqu'on fait le bilan de la carrière d'une personnalité, immédiatement après avoir parlé de ce qu'elle a fait, on se demande : Comment était-elle ?

Posons-nous cette question : Si j'avais à faire inscrire une seule phrase sur ma pierre tombale, qu'est-ce que ce serait ? « Il était un bon ingénieur, un bon comptable, un bon joueur de golf » ou « Il était présent, attentif, généreux, compréhensif, tolérant » ?

SOYONS RECONNAISSANT

Selon moi, la reconnaissance doit s'exprimer seulement lorsqu'on a obtenu un résultat, contrairement à l'encouragement (que je décris au chapitre 12). Je considère qu'il y a deux types de reconnaissance. La première est la reconnaissance instantanée, qui découle d'une action ou d'un résultat significatif qui peut servir d'exemple. La deuxième est la reconnaissance planifiée, qui découle d'une action ou d'un résultat significatif peu commun, qui doit servir d'exemple. Comme son nom l'indique, ce dernier type de reconnaissance est bien planifié et est manifesté à un moment précis avec l'ampleur nécessaire.

Dans les deux cas, la reconnaissance doit être exprimée en privé et publiquement. De plus, on doit la concrétiser par une lettre adressée à l'employé ; une copie sera aussi transmise à son supérieur et une autre sera jointe au dossier de l'employé.

Enfin, pour doubler la portée de la reconnaissance et générer de véritables retombées, expliquez toujours **POURQUOI** vous félicitez la personne en utilisant les mots **PARCE QUE**. Cette stratégie permet de rappeler les objectifs, les valeurs, les attitudes et le comportement que vous préconisez. Pour y donner toute l'ampleur qu'il mérite, votre geste de reconnaissance doit toujours tenir compte des 3 B, c'est-à-dire être fait au bon moment, de la bonne façon et avec la bonne valeur.

Pour bien illustrer mon propos, voici un exemple concret. Il y a deux ans, un de mes amis, qui travaille comme représentant pour une importante société de placement, a été convoqué à une rencontre d'équipe par le président-directeur général. Ce dernier a entretenu les personnes présentes de l'importance d'augmenter la sollicitation auprès de clients potentiels afin d'accroître les portefeuilles de placement et de préserver ainsi l'ensemble des postes. À la fin de ce discours, on a informé les représentants qu'une augmentation de 10 % avait été fixée malgré le ralentissement économique.

Après avoir effectué un travail acharné durant une année, l'équipe de direction et les représentants ont constaté à leur très grande satisfaction qu'ils avaient obtenu une augmentation de 21 %, ce qui dépasse largement l'objectif initial de 10 %. Pour reconnaître les efforts des représentants, souligner l'événement et remettre des prix, le président-directeur général et l'équipe de direction ont décidé d'inviter les représentants un samedi soir, accompagnés de leurs conjoints ou conjointes, à un grandiose souper au Château Frontenac, à Québec. L'entreprise avait donc choisi un bon moment et une bonne façon pour exprimer sa reconnaissance.

Après le souper, juste avant la soirée dansante, le président-directeur général a pris la parole pour exprimer sa très grande satisfaction et pour souligner entre autres la performance exceptionnelle de trois représentants. Dans cette foulée de remerciements, il a signalé que la direction avait décidé de concrétiser sa reconnaissance par un présent qui leur rappellerait au quotidien les efforts déployés et leur excellente performance. Il s'est dirigé vers la table située derrière lui et a tiré un morceau de tissu au logo de la compagnie sous lequel est apparue... une pyramide de très belles tasses à café avec le nom de chaque représentant. À tour de rôle, chacun des représentants a été invité à se rendre à l'avant de la salle pour recevoir ce présent. L'entreprise a ainsi accordé une mauvaise valeur à son geste de reconnaissance.

En effet, à la suite de cet événement, tous les représentants se rappelaient quotidiennement qu'ils avaient travaillé ardemment durant toute une année pour obtenir une tasse à café ! L'année suivante, le nouvel objectif n'a pas été atteint, et depuis, 18 % des représentants ont quitté cette organisation. La leçon à retenir de cette situation est que, même si les personnes sont rémunérées pour leur travail, il faut établir une certaine corrélation entre ce qui a été généré comme résultat et ce qu'on doit accorder comme reconnaissance. Sinon, on risque d'une part de se faire ridiculiser et d'autre part de passer à côté de l'objectif visé.

Par ailleurs, la fréquence de la reconnaissance planifiée ne doit pas en banaliser l'existence.

Dans plusieurs organisations, on parle sans cesse de mobilisation. Il faut absolument mobiliser les troupes, et on se casse le noyau pour y arriver.

Pour moi, ça n'a jamais été un problème de mobiliser les troupes, et je ne comprends pas que ce soit perçu comme étant compliqué. Je n'ai qu'à transmettre une note de service pour mobiliser des gens pour une réunion ou n'importe quelle autre activité. Qu'on cesse de capoter sur la mobilisation et qu'on s'attarde davantage à la motivation, cette force qui vient de l'intérieur et qui peut soulever des montagnes, comme on dit ! L'armée peut bien mobiliser ses troupes pour un combat, mais si les soldats ne sont pas motivés, les résultats ne seront pas éclatants.

L'un des éléments importants pour motiver les gens est la reconnaissance, et ce n'est pas uniquement en donnant des primes qu'on en témoigne. D'ailleurs, les bonis sont très rapidement considérés comme un droit, un dû. Les personnes tiennent pour acquis que leur salaire inclut la prime qu'elles sont censées recevoir à la fin de l'année. Si, par malheur, elle n'est pas versée, ce qui était au départ un outil de motivation devient tout à coup une source de frustration, de démotivation. L'absence de récompense peut même être perçue comme une punition.

Il faut se rappeler que, lorsque l'être humain a déjeuné, il veut dîner, et que quand il a dîné, il veut souper. Il ne faut donc pas compter sur la prime au rendement pour motiver les gens. On peut l'utiliser de temps à autre pour souligner des rendements vraiment exceptionnels. Témoigner sa reconnaissance, ce n'est pas simplement donner de l'argent.

Dans le plaisir au quotidien, nous reconnaissons nos réussites et nos connaissances. Nos amis nous félicitent d'ailleurs pour une multitude de choses. Par contre, dans les organisations, on tend à niveler par le bas. Les personnes qui se distinguent par leur savoir-être, leur savoir-faire et leur leadership ne doivent pas être trop en vue. Il ne faut pas les mettre sur un piédestal. La moyenne devient de plus en plus la norme, l'objectif à atteindre et, dans certains milieux, il ne faut surtout pas la dépasser.

De plus en plus de cadres ont de la difficulté à reconnaître les bons coups de leurs employés et à les féliciter quand ils se démarquent de leurs collègues. Combien de fois ai-je entendu : « Je ne peux pas le féliciter devant tout le monde, j'ai peur d'indisposer les autres. »

Certains employés sont eux aussi mal à l'aise de se faire féliciter publiquement, car ils croient qu'ils pourraient passer pour des « téteux ». J'ai encore eu connaissance de cela dernièrement. Dans une entreprise, une préposée aux comptes clients s'est vu décerner le prix Méritas de l'année pour son savoir-être. On devait lui remettre une peinture au cours d'un 5 à 7 où l'on honorait plusieurs autres employés. Eh bien, elle ne s'est pas présentée parce qu'elle avait peur de passer pour une « téteuse ». D'ailleurs, au cours du mois précédent, quelques personnes lui avaient demandé quel genre de « tétage » elle avait fait pour mériter ce prix.

Les cadres ont souvent peur de se prononcer. Vous avez peut-être déjà entendu : « Si je lui envoie une lettre de félicitations pour ce qu'il a fait et que le mois prochain il fait une gaffe, je vais avoir l'air fou. » Départageons les situations et faisons les bonnes actions. Il ne faut surtout pas hésiter à féliciter publiquement les employés qui se démarquent dans une organisation. Ils sont des modèles et ils doivent être mis sur un piédestal si on désire inspirer et motiver les autres, les amener à se dépasser dans ce qu'ils font. Des entreprises comme MacDonald, Walmart et bien d'autres ont compris depuis fort longtemps l'importance de cette vérité. Rappelons-nous que le succès collectif passe par la performance individuelle et que la reconnaissance est le carburant de la performance.

Ce n'est pas sans raison que l'on convoite les oscars, prix Juno et médailles olympiques. Remarquez le dynamisme qu'ils insufflent aux personnes qui les remportent. Vous avez sûrement déjà entendu : « Il ne faut pas trop le féliciter, il va s'enfler la tête. » Pensez-vous que le plongeur Alexandre Despatie, qui a remporté plusieurs compétitions olympiques, a été félicité uniquement lorsqu'il a gagné sa première médaille d'or ? Sûrement pas ! Il l'a été des centaines de fois. On l'a aussi encouragé quand il s'est classé quatrième, troisième, deuxième, et c'est ce qui a contribué à le propulser au premier rang !

Vous, mesdames, dites-vous à votre conjoint : « Bon, viens mon Jules, assieds-toi dans le salon. C'est aujourd'hui que je vais te dire combien je t'apprécie. Tout d'abord, je tiens à te dire que je t'aime. Voilà une chose de réglée pour l'année. Ensuite, je reconnais que tu es un bon mari, un bon amant, un bon père. Tu fais bien le lavage, le repassage, l'épicerie, les repas, le ménage… (J'ai l'impression de parler de moi !) Là, écris bien tout ce que je viens de te dire sur un papier et affiche-le sur le réfrigérateur parce que je ne te le redirai pas avant l'an prochain. » Eh bien, dans les organisations, par le mécanisme des évaluations annuelles, c'est ce que l'on fait… quand on le fait ! À plusieurs endroits, on ne le fait même pas une fois par année.

L'an passé, 60 % des répondants à un important sondage ont affirmé n'avoir reçu aucune félicitation dans leur milieu de travail durant les 12 derniers mois. C'est invraisemblable ! Une firme de sondage réputée révélait qu'à ce jour 25 % seulement des personnes sondées avaient déclaré être vraiment engagées dans leur organisation. Cinquante pour cent des gens disaient qu'ils s'engageaient plus ou moins, dépendamment de ce qui se passait, alors que 25 % déclaraient n'être nullement engagés.

L'une des principales causes des dépressions et des burnouts dans les milieux de travail est l'absence de reconnaissance. On a le sentiment d'être un *nobody*, de n'être que l'instrument d'une organisation. On ne se sent ni utile ni apprécié. Or, les personnes sont le cœur et l'âme d'une organisation.

Récemment, dans le métro, j'entendais une jeune fille dire à sa copine : « Mon patron vient de faire mon évaluation annuelle. Il m'a dit qu'il était très content de mes services. Je n'ai reçu que des félicitations, et il m'a donné une note de quatre sur cinq. » Sa copine lui a répondu : « Pourquoi juste quatre s'il était très content de toi ? » Et la première de dire, songeuse : « Je sais pas… » Eh bien, c'est simple. Selon nos modèles mentaux, personne n'est parfait. Il y a toujours place à l'amélioration. On peut toujours être meilleur… et blablabla !

Il faudrait réaliser que la notion de perfection est évolutive. Ce qui était parfait il y a 50 ans ne l'est peut-être plus aujourd'hui, et ce qui n'était pas parfait autrefois l'est peut-être aujourd'hui. Il y a 30 ans, une personne qui réussissait à faire un axel en patinage artistique obtenait une note de 10. Quinze ans plus tard, celle qui réussissait un double axel n'avait pas une note de 20 ; elle obtenait encore un 10. De nos jours, les patineurs qui font un triple axel reçoivent eux aussi un 10.

Si on est pleinement satisfait du travail d'une personne, pourquoi ne pas lui donner la note maximale ? On a de la difficulté à dire « Je suis totalement content du travail que tu fais », « Une chance que nous t'avons dans notre équipe », « Tu m'es indispensable », etc. On croit que témoigner autant de reconnaissance à quelqu'un va l'inciter à chercher un emploi ailleurs. Bien au contraire, si l'employé se sent aimé et apprécié, il va rester. S'il quitte son emploi après qu'on l'a félicité, c'est qu'il l'aurait probablement fait de toute façon pour d'autres raisons.

D'autres facteurs peuvent entrer en ligne de compte au moment de l'évaluation. Dans un organisme, on a envoyé une note aux gestionnaires pour les aviser qu'ils devaient donner la cote 3 à tous ceux dont ils étaient très satisfaits et qu'ils allaient devoir se justifier et argumenter s'ils attribuaient un 4. La raison était simple : on n'avait pas le budget pour augmenter plusieurs salaires. Résultat : les employés sont devenus révoltés et démotivés, surtout ceux qui avaient assumé un surplus de travail au cours de l'année. Je ne crois pas qu'une telle attitude soit rentable à long terme...

Nous devons reconnaître le travail des employés, et ceux-ci doivent reconnaître le nôtre également. Les patrons reçoivent généralement des signes de reconnaissance de leur supérieur, mais rarement de leur personnel. Vous avez un bon patron ? Dites-le-lui ! Il deviendra encore meilleur et encore plus attentif à vos besoins. Vous avez un collègue qui vous aide et que vous trouvez génial ? Dites-le-lui ! Il sera encore plus porté à vous rendre service.

Durant l'évaluation de rendement annuelle, on devrait évaluer le savoir-être de la personne, examiner si elle a atteint les objectifs visés et la comparer avec les autres membres de son équipe. Si la personne est la meilleure, il faut le lui faire savoir. Vous avez déjà entendu : « Si je ne te dis pas que je ne suis pas content de toi, ça veut dire que je suis content ! Donc, je n'ai pas à te dire que je suis satisfait. » C'est aussi brillant que de dire à son conjoint : « Si je ne te dis pas que je ne t'aime plus, ça signifie que je t'aime toujours. Donc, je n'ai pas besoin de te le rappeler tous les jours ! »

Pour moi, la reconnaissance, ça s'exprime par des gestes quotidiens : une tape dans le dos (pas derrière la tête !), un clin d'œil, une blague, des félicitations pour une lettre bien faite, pour un bon rapport, pour l'efficacité démontrée dans le traitement d'un dossier, pour une bonne intervention dans une réunion… Reconnaître, c'est souligner une foule de petites choses durant toute l'année et non pas une fois l'an. Quelles sortes de relations pourrions-nous avoir avec notre conjoint, nos enfants, nos parents ou nos amis si nous ne leur témoignions notre gratitude qu'une seule fois au cours de l'année ?

Reconnaître, c'est aussi assurer à ses employés un environnement de travail stimulant, avec des équipements appropriés, pour qu'ils soient fiers de dire : « Viens voir où je travaille ! Viens voir l'équipement que j'utilise ! » C'est reconnaître leur importance et leur compétence pour qu'ils se sentent efficaces, utiles et fiers d'être là.

Cette année, je suis allé dans une importante organisation où les bureaux étaient aménagés comme des enclos à bétail. Tous les employés avaient la figure orientée vers le mur, et des écrans les séparaient les uns des autres. On les voyait seulement de dos. Ça me rappelait les patients qui se promènent en jaquette dans les hôpitaux : on leur voit seulement les deux fesses ! L'économie d'argent que permet de réaliser ce type d'aménagement est largement engloutie par le manque de productivité et la démotivation du personnel. On se demande ensuite pourquoi les gens manquent d'intérêt ou quittent leur emploi !

La motivation des employés dépend en très grande partie de la façon dont ils sont dirigés. Un jour, un cadre m'a dit : « Mes employés ne sont pas motivés, même si je fais tout ce que je peux. » Je lui ai répondu : « Fais ce qu'il faut, et ça ira mieux. » Il ne s'agit pas seulement de faire des choses ; il faut faire les bonnes choses. S'il y a des problèmes importants dans une équipe, pour moi le premier responsable est le chef d'équipe. Il est supposé détenir les compétences nécessaires pour la diriger efficacement.

La reconnaissance met la table pour une bonne communication. Si les gens ne se sentent pas appréciés, considérés et aimés, ils n'écoutent pas ! Vous désirez garder votre personnel ? Renforcez le lien affectif que vous entretenez avec lui !

J'ai eu dernièrement le plaisir de constater l'exactitude de cette vérité. J'ai fait une conférence en Jamaïque pour les propriétaires du Groupe Hamel de la région de Montréal. Ce groupe qui œuvre dans le domaine de l'automobile possède sept concessions et compte plus de 300 employés. Depuis 8 ans, il paie à ses 35 cadres et à leur conjoint ou conjointe un voyage dans le Sud, toutes dépenses payées pour une semaine. Ce voyage de groupe est un moment privilégié de reconnaissance où, en plus de profiter du soleil, de la plage, de la mer, d'une bonne bouffe, les personnes présentes profitent de la présence d'une personnalité de marque ou d'un conférencier invité à partager son expérience ou sa vision de l'administration.

De plus, chaque année, une partie des profits est distribuée en bonis aux employés et différentes marques de reconnaissance leur sont régulièrement offertes, telles que des repas au restaurant, des billets de spectacle, etc. À titre d'exemple, les mécaniciens ayant atteint leur niveau de performance l'an dernier, soit 95 % de ceux-ci, ont reçu le 22 décembre un téléviseur au plasma de 46 pouces comme cadeau de Noël. Ce groupe est à mon sens un très beau modèle de gestion sous plusieurs aspects. Le sentiment d'appartenance chez les employés est très développé, la motivation est au rendez-vous et le chiffre d'affaire ne cesse de progresser. Ces gestionnaires ont compris l'importance de l'être humain dans le succès d'une organisation et savent que, pour recevoir, il faut donner.

Aimeriez-vous avoir 125 idées de formes de reconnaissance? Achetez le livre *Le principe de la carotte* aux Éditions Transcontinental.

CE CONSTITUANT
DANS L'ORGANISATION

Pour intégrer ce constituant au sein de l'organisation, je suggère :

Pour être présent

✔ D'afficher à l'entrée principale, celle du personnel et des visiteurs, un tableau représentant les membres de la direction et indiquant leurs fonctions respectives.

✔ Que le directeur général prenne une heure par semaine pour se promener dans l'entreprise et rencontrer le personnel.

✔ Que le directeur général, les directeurs et les cadres s'efforcent d'assister à toutes les activités organisées pour le personnel et qu'ils y participent activement.

✔ Que les cadres aillent rencontrer les employés dans leur service, qu'ils soient présents.

✔ Que les cadres manifestent leur respect et leur considération au personnel en prenant le temps de sourire et de dire bonjour à chaque employé qu'ils croisent.

✔ Que les cadres abordent chaleureusement la personne qu'ils rencontrent avant de discuter du travail ; qu'ils se montrent disponibles en refusant d'être dérangés durant les rencontres ; qu'ils aient une approche humaine au cours des échanges.

Pour être reconnaissant

✔ D'exprimer, en privé et publiquement, sa satisfaction à l'égard des résultats obtenus par un employé ou par une équipe et d'envoyer des félicitations par courriel ou par lettre.

✔ De reconnaître le savoir-être, le savoir-faire et le leadership du personnel et de souligner, au cours des réunions, les bons coups qui ont été faits dans chaque service.

✔ D'organiser un gala Méritas pour souligner la contribution du personnel. Les photos des personnes mises en nomination peuvent être publiées dans le journal interne, et celles des gagnants, dans le journal régional.

✔ D'acheter, de façon régulière, un espace publicitaire d'une demi-page dans le journal local ou régional pour faire la promotion des services offerts par l'organisation, et de profiter de l'occasion pour souligner la performance des personnes qui y travaillent, avec textes et photos.

✔ De partager l'information avec les employés plutôt que de la conserver comme s'il s'agissait de pierres précieuses.

✔ D'accorder des journées de congé payées dans les cas où on ne peut pas offrir d'augmentations de salaire ou de gratifications financières aux employés ; ces absences autorisées sont toujours grandement appréciées.

✔ D'accorder des horaires variables lorsque c'est possible, afin de faciliter la conciliation travail-famille.

✔ De célébrer, par des fêtes comme des 5 à 7 ou des déjeuners-rencontres, l'atteinte d'objectifs ou de bons résultats.

✔ De faire confiance au personnel et de lui laisser une marge de manœuvre dans l'exécution des tâches.

✔ De confier des mandats spéciaux à certains employés. Les tâches quotidiennes et répétitives peuvent devenir intéressantes si elles relèvent d'un niveau hiérarchique supérieur.

✔ D'organiser une petite fête pour chaque personne qui prend sa retraite.

✔ D'organiser une magnifique soirée pour témoigner de la reconnaissance aux employés qui ont cumulé plusieurs années de service.

✔ De récompenser l'assiduité au travail par l'affichage d'un tableau d'honneur ou par un tirage de prix (exemple : billets de spectacle, voyages dans le Sud, etc.).

- ✔ De faire en sorte que les cadres soulignent régulièrement à leur personnel la qualité du travail effectué ; qu'ils félicitent parfois un employé seul, parfois toute l'équipe.

- ✔ De souligner à l'interne la performance de certains employés dans des activités sportives, culturelles ou professionnelles, même si celles-ci se sont déroulées à l'extérieur de l'organisation.

- ✔ De demander à chaque cadre d'établir un plan annuel de reconnaissance pour le personnel qu'il supervise.

8

Communiquons et informons adéquatement

Dans le plaisir au quotidien, on communique de façon efficace et on a facilement accès à l'information, qui se transmet de personne à personne, de bouche à oreille, et parfois même de bouche à bouche !

Dans les organisations, en revanche, on entend fréquemment le personnel dire qu'il n'est pas informé. Pourtant, le fait que tous sachent ce qui se passe est un atout majeur si on veut constituer des équipes gagnantes. Les employés doivent se parler constamment et partager le plus d'informations possible. Cela permet de bien comprendre l'état de la situation, d'évaluer ce qui reste à faire et de prendre les bonnes décisions. Il faut donc faire preuve de transparence.

Peu d'entreprises fournissent régulièrement des données comparatives sur le chiffre d'affaires, la production, les dépenses, le taux d'absentéisme, le roulement du personnel, etc. La plupart du temps, ces données n'apparaissent que dans le rapport annuel. Elles sont rarement transmises tous les mois au personnel d'une direction ou d'un service et rarement commentées par le supérieur. Si elles ne peuvent pas être fournies en chiffres absolus, elles devraient au moins l'être en pourcentage en regard d'une base de référence. Il n'est donc pas étonnant que le sentiment d'appartenance ne soit pas toujours très élevé.

Notre succès en tant que cadre dépend des résultats obtenus par les membres de notre équipe et on n'a jamais l'air plus intelligent que l'équipe qu'on dirige. Mieux nous communiquons, meilleurs sont les résultats.

Il faut insister sur l'importance de « mieux » communiquer. Si on regarde ce qui se passe dans la société d'aujourd'hui, on constate qu'on n'a jamais été autant informés, mais qu'on communique de moins en moins. Communiquer signifie mettre en commun, échanger, saisir les nuances, voir ou sentir le non verbal lorsqu'on se parle en personne, au téléphone ou par boîtes vocales. D'ailleurs, nous pouvons très bien passer un message sans le dire et comprendre une chose sans l'entendre. Il suffit d'être attentif aux sous-entendus, aux silences, au ton de la voix et au langage non verbal.

Ainsi, au téléphone, si nous connaissons le moindrement notre interlocuteur, nous pouvons déterminer dès ses premières paroles s'il est en forme ou pas et décider de ce que nous pouvons lui dire. Si vous me demandez, par exemple, comment je vais et que je vous réponds d'un ton enjoué que je vais très bien, vous comprenez que je vais très bien. Si je vous dis d'un ton triste que ça va très bien, vous saisissez immédiatement que ça ne va pas si bien que ça. Et si je vous réponds sèchement que je vais très bien, alors là, vous savez que je suis exaspéré.

Quand on communique par ordinateur, par contre, c'est « fret et blanc ». Si je vous réponds par courriel « Ça va très bien », qu'allez-vous comprendre ? Que ça va très bien ! De plus, quand on utilise le service de messagerie électronique, on ne fait pas dans la dentelle. On utilise des abréviations pour gagner du temps. Et si on n'est pas très habile sur le clavier, on réduit le texte au minimum. Dans ces circonstances, on ne communique pas vraiment. On se contente de faire circuler l'information.

L'avantage de la communication par ordinateur, c'est sa vitesse : elle est instantanée. Mais ce type de communication a aussi un effet insidieux, comme nous l'avons vu dans le chapitre 5, « Consultons, écoutons, impliquons ». Il faut que ça aille vite ! On a un document à partager avec un collègue du bureau d'à côté ? On ne se déplacera pas pour le lui remettre. Non, on va le lui envoyer par courriel et, dans la seconde qui suit, on va lui crier : « L'as-tu ? L'as-tu reçu ? » Ça ne va jamais assez vite.

Un jour, j'étais dans le cabinet d'un sous-ministre, à Québec, et un de mes collègues de Rouyn-Noranda, à 925 kilomètres de distance, me téléphone pour me dire : « As-tu ton portable ? Il faut que je t'envoie 12 photos, et j'aimerais que tu en retiennes 4 pour la présentation que tu vas faire au Théâtre Capitole. » Je me branche à Internet et, quelques secondes plus tard, je l'entends me confirmer : « C'est parti ! » Cinq secondes plus tard, il ajoute : « Puis, qu'est-ce que t'en penses ? » Je lui réponds : « Ces 12 photos ont 925 km à parcourir ! Laisse-leur le temps d'arriver ! » Savez-vous combien de temps s'est écoulé avant que je les reçoive ? Exactement deux minutes trois secondes.

Je trouvais ça génial puisque nous étions un mercredi vers 10 h, en pleine heure de pointe sur Internet, et que, par la poste, ça aurait pris trois jours. Eh bien, durant cet intervalle de deux minutes trois secondes, mon collègue m'a demandé à cinq reprises : « Les as-tu ? Les as-tu reçues ? Les as-tu eues ? Sont-elles arrivées ? Le système est bien lent ! » S'il avait été capable de souffler dans le fil pour que les photos arrivent plus vite, il l'aurait fait ! Nous devenons de plus en plus dépendants de l'instantané.

Les éléments qui font qu'un message est retenu sont surtout les images (55 %) et le ton (38 %) utilisés pour le transmettre. Les mots employés n'y contribuent que faiblement (7 %). On dit à juste titre qu'une image vaut mille mots. Cela explique en partie le succès de publications qui recourent aux images-chocs, comme le *Journal de Montréal* et le *Journal de Québec*, et de la télévision.

Quant au ton, pour comprendre son pouvoir, on peut penser à l'engouement que suscitent les lignes érotiques, par exemple. La fille peut avoir ses bigoudis sur la tête, sa jaquette en « flanellette » et ses pantoufles en « phentex », être en train de faire des galettes, et le troufion capote au bout du fil ! Remarquez qu'on ne sait pas ce qu'il fait avec le fil…

Alors, si nous comptons seulement sur de beaux petits communiqués pour informer le personnel dans nos organisations, nous commettons une grave erreur. Nous avons drôlement intérêt à ajouter aux mots des images et de la couleur, sans quoi personne ne lira ou ne retiendra l'information que nous tentons de transmettre.

De toute façon, pour qu'on la lise, l'information doit être concise. Si on croit que les employés vont se mettre à lire plusieurs pages de texte contenues dans nos communiqués, on se leurre. Dans une organisation que j'ai dirigée, j'avais constaté la difficulté qu'avaient des collègues à trouver rapidement le numéro de téléphone d'un service ou d'un cadre en raison du grand nombre de pages du bottin interne. J'ai fait faire une carte de téléphone de la grosseur d'une carte de crédit, avec un nombre incroyable de numéros de téléphone. Devant ce succès, nous avons également produit une carte pour l'ensemble du personnel. Le « blackberry » et ses comparables ne sont pas encore utilisés par tous les employés.

Je pense que, dans les organisations, le moyen de communication le plus efficace est ce que j'appelle le « Télégraphe Express ». Il s'agit d'un texte succinct, de style télégraphique, sur les décisions importantes qui doivent être prises ou qui ont été prises ainsi que sur les principaux dossiers en cours. Chaque sujet doit être traité en quatre lignes au maximum. En transmettant ce document à l'ensemble du personnel, on évite que l'information n'arrive déformée aux oreilles des employés.

Pour transmettre l'information de façon directe et efficace, on devrait aussi écrire des procès-verbaux brefs et concis. On ne devrait y mentionner que les décisions ayant été prises au cours de la réunion, le nom des personnes ayant été nommées responsables de chaque dossier et les dates auxquelles les actions devraient être entreprises, afin de pouvoir assurer un suivi. Les procès-verbaux devraient aussi parvenir aux participants dans les plus brefs délais.

Dans toute information à transmettre, le messager est aussi important que le message. En conséquence, il faut régulièrement se demander quelle personne réussira le mieux à donner la crédibilité désirée au message qu'on désire véhiculer !

Avec l'arrivée d'internet et des téléphones cellulaires qui filment, enregistrent la voix et prennent des photographies, la communication revêt de plus en plus d'importance si vous voulez bien vous faire comprendre, être compris et tenir compte de ce qui est ou peut être véhiculé à votre égard. Ces instruments fabuleux peuvent en effet vous propulser à des sommets extraordinaires ou vous détruire complètement. Comme vous le savez, n'importe qui peut écrire n'importe quoi sur vous et votre organisation ; une fois le message lancé sur Internet vous en perdez le contrôle avec tous les téléchargements possibles. Par conséquent, la qualité de vos rapports avec vos employés, vos clients, vos amis et vos connaissances ainsi que les gestes que vous posez méritent de vous y attarder.

Dans une organisation où je venais d'arriver, on m'a dit : « Nous avons un problème de communication. Le personnel prétend ne pas être informé. » Alors, faisant preuve d'une grande sagesse, j'ai répondu : « C'est pas compliqué, nous allons agrafer aux relevés de paie un petit texte contenant les informations que nous jugeons les plus importantes. » Vous y auriez sûrement pensé vous-même.

Dans le local où le personnel allait chercher ses relevés, il y avait une caméra connectée au moniteur du service de sécurité. Tout fier de mon idée, la journée de la paie, je me pointe au poste de sécurité et j'observe. Les employés prennent leur relevé de paie et, à mon grand étonnement, slash ! ils jettent l'important communiqué auquel j'ai moi-même consacré beaucoup de temps. À la poubelle ! Au moins une personne sur deux pose ce geste. Le personnel prétend ne pas être informé, mais environ 50 % des employés n'assument pas leur responsabilité, qui est de lire l'information qu'on leur transmet.

Que faire pour remédier à ce problème? Eh bien, plutôt que de transmettre l'information uniquement par ordinateur ou sur papier, il faut organiser des réunions obligatoires. Une compagnie, entre autres, a très bien compris l'importance des réunions. C'est la chaîne Walmart. Elle a été contestée pour certaines de ses pratiques, et je comprends pourquoi, mais il s'y passe tout de même des choses vraiment intéressantes. Dans un Walmart, il y a généralement plus de 900 réunions par année, au rythme de 3 par jour: une à 7 h 45, une à 16 h 45 et une autre à 23 h 45. C'est ce qui explique la fluidité de l'information dans l'organisation et le fait que les problèmes se règlent rapidement. D'autres compagnies très dynamiques comme Alcoa, Bell Helicopter, SCA – Soins Personnels et Teknion Roy et Breton ont réalisé il y a un bon moment l'importance des rencontres, et celles-ci contribuent d'ailleurs à leur succès.

Au Groupe Kyri, un bureau de dentistes spécialisés dans l'esthétique dentaire, les patients sont reçus à partir de 8 h 30. Tous les matins, à 8 h, le personnel se rencontre pour faire le bilan de la journée précédente et planifier celle qui commence. De plus, une réunion d'une heure et demie se tient chaque jeudi. Sincèrement, je n'ai jamais vu un bureau offrir un service aussi professionnel et courtois. À mon humble avis, c'est l'un des meilleurs cabinets de dentistes. Le service y est tellement exceptionnel que ça me donne parfois envie d'avoir mal aux dents!

La fréquence des rencontres visant à informer le personnel peut varier d'une organisation à l'autre. Chacune doit trouver la vitesse de croisière qui lui convient. Il est toutefois plus rentable de faire des réunions moins longues mais plus fréquentes. Voici ce que je recommande :

• Tous les 15 jours :

  - Réunion du comité de direction formé du directeur général et des cadres supérieurs.

  - Réunion des comités de gestion formés chacun du directeur de la direction et de ses cadres.

• Toutes les six à huit semaines :

  - Réunion du directeur général avec tous les cadres.

  - Réunion de chaque cadre intermédiaire avec son personnel.

• Deux ou trois fois par année :

  - Rencontre du comité de direction avec tous les bureaux syndicaux, non pour discuter des griefs, mais pour faire connaître les grandes orientations de l'organisation, répondre à leurs questions et écouter leurs suggestions.

• Au moins deux fois par année :

  - Rencontre du comité de direction avec l'ensemble du personnel.

• Une fois par année :

  - Rencontre du directeur général ou de l'autorité supérieure de l'organisation avec chaque équipe, son directeur et son chef de service.

• Occasionnellement :

  - Rencontre à caractère professionnel, social ou sportif organisée par la direction, le club social ou un comité.

Impossible de tenir des réunions durant les heures de travail, dites-vous ? Voici une solution : si vous fixez une rencontre toutes les six semaines, excepté durant la période des vacances, ça représente sept ou huit réunions par année. Si vous les structurez de façon qu'elles ne durent pas plus d'une heure, ça représente l'équivalent de sept ou huit heures, donc une journée par année par employé. Ce n'est pas exagéré.

On peut, par exemple, fixer la réunion après le quart de travail, en prévoyant une demi-heure pour un repas fourni gratuitement. Après avoir mangé, on commence la réunion d'une heure en prenant les présences. Les personnes y assistent si elles le veulent, et les heures supplémentaires qu'elles accumulent sont calculées à taux simple et indemnisées par un congé. Ces congés rémunérés coûtent moins cher à l'organisation qu'on ne pourrait le croire, car j'ai constaté que, dans 40 % des cas, on n'a pas à remplacer l'employé qui s'absente.

Il vaut mieux tenir une réunion bien structurée d'une heure, même s'il manque du monde, que de ne pas en tenir. La présence des employés aux réunions démontre leur intérêt au bon fonctionnement de l'organisation, et prouve qu'ils désirent jouir de bonnes conditions de travail et d'un environnement stimulant. Il serait très mal vu pour un employé de maugréer régulièrement s'il n'assiste pas aux réunions, alors qu'il peut venir y exprimer ses doléances ou suggérer des améliorations. Vous connaissez très bien la réponse à donner et la stratégie de l'ascenseur ; un ascenseur ne peut pas toujours aller dans le même sens !

Il est très important de tenir des réunions efficaces où on ne perd pas son temps. À cet effet, je pense qu'il doit y avoir trois sortes de réunions. La première, la réunion d'information, sert à renseigner les personnes présentes et à répondre à leurs questions. La deuxième, la réunion de service ou de direction, comporte trois aspects : information, consultation et prise de décisions. La troisième est la réunion de consultation, qui doit produire quelque chose de concret (voir le chapitre 4). Toutes ces réunions doivent avoir un objectif précis qui engendre des actions.

Pour chaque réunion, voici ce que je vous recommande :

1. N'arrivez jamais en retard et commencez la réunion rigoureusement à l'heure prévue.

2. Ne tolérez jamais de retard et ne faites jamais un retour sur ce qui a été discuté pour un retardataire. L'intérêt du groupe doit passer avant celui d'un individu, et arriver à l'heure est une question de respect pour l'ensemble des participants. Je vous suggère fortement de déterminer vos limites et de les faire respecter ; rencontrez le retardataire immédiatement après la réunion.

3. Vous pouvez inviter les participants à inscrire un point à l'ordre du jour à la condition qu'il vous soit préalablement transmis. Le point « divers » demeurera ouvert et le sujet sera abordé si le temps le permet. Au moment de la réunion, ne demandez jamais : « Est-ce qu'il y a d'autres points à mettre à l'ordre du jour ? » Cette question amène généralement des sujets qui prolongent les réunions.

4. L'ordre du jour doit toujours avoir été préalablement rédigé et transmis aux participants au moins cinq jours ouvrables avant la réunion ; un rappel est fait la veille.

5. Le meilleur moment pour tenir une réunion est généralement le mardi en matinée, et un calendrier des rencontres devrait être fait pour chaque semestre.

6. Si vous demandez à tous les participants d'exprimer leur point de vue sur un sujet, donnez une limite de temps et nommez un gardien du temps.

7. Après chaque réunion, demandez aux participants d'exprimer leurs opinions sur la pertinence de la réunion et son déroulement. Cela vous permettra d'en améliorer le fonctionnement.

8. Transmettez toujours rapidement un compte rendu succinct sur la réunion.

9. Si vous avez une présentation à donner, n'en faites pas un discours mais un « numéro ». Plus votre présentation sera forte visuellement, plus on s'en souviendra. Quand on assiste à une conférence, on ne va pas entendre un orateur mais bien le voir.

10. Faites en sorte que le plaisir soit présent à chacune des réunions que vous organisez. Les beignes et le café avant la réunion engendrent la cordialité. Rappelez-vous que le plaisir est sérieux et n'hésitez pas à faire de l'humour. Surprenez les participants à certains moments. Un matin, je suis arrivé à la réunion de mon comité de direction habillé à l'envers (les boutons de la chemise et du veston attachés dans le dos, le côté fessier du pantalon devant). Dès que les participants m'ont vu, ils ont éclaté de rire et m'ont demandé : « Qu'est-ce qui t'arrive ce matin ? » Je leur ai répondu : « J'ai très mal dormi et je viens au bureau à reculons. » Une autre fois, j'ai fait une réunion de cadres les yeux bandés. Vous auriez dû voir le bordel ! Dans une autre réunion, j'ai dit aux 45 participants : « Sous deux de vos chaises sont collées deux enveloppes, l'une contenant une invitation à souper dans un restaurant très renommé et une autre mentionnant que cette personne devrait chanter une chanson de son choix. Est-ce que la majorité pense qu'on doit mener cette activité ? » Alors, 90 % des participants ont donné leur assentiment et le

gagnant a pu bénéficier d'un excellent repas chez… MacDonald. Vous auriez dû voir la tête du gagnant du souper et celle de la personne ayant été obligée de chanter.

11. Essayez de toujours terminer la réunion sur une note positive ou humoristique. Dans une organisation que j'ai dirigée, je mettais fin à la réunion par la lecture de l'horoscope de certains participants, en y ajoutant évidemment des commentaires croustillants.

Peu de temps après mon arrivée dans une organisation, des cadres m'ont informé qu'un problème de communication important persistait dans un service, et ce, malgré les nombreuses interventions qu'on y avait faites. Deux mois plus tard, c'était le 1er avril.

Le 31 mars au soir, j'ai décidé, avec la complicité du cadre responsable de ce service, de récupérer un soulier de chacune des 42 personnes qui y travaillaient et de déposer les godasses sur des tables à la cafétéria. Je me disais : dans ce contexte, le monde devra inévitablement se parler. Vous auriez dû voir la réaction du personnel le lendemain matin ! Marcher avec un seul soulier, c'était déjà assez drôle, mais chercher l'autre soulier, ça l'était encore plus !

J'avais prévu des beignes et du café, ce qui a donné l'occasion aux employés d'échanger et de spéculer sur l'identité du débile qui avait pensé à faire ce poisson d'avril. Le coupable ne s'est jamais officiellement dévoilé ! Ç'a été un succès et l'embryon d'une nouvelle dynamique dans ce service.

Dans une autre organisation où j'ai travaillé, les relations étaient assez tendues entre les cadres. Au cours d'une réunion, je leur ai donc demandé de parler tour à tour, en deux minutes, de leur passion et d'un geste qu'ils ont posé au cours de leur existence, significatif pour eux, mais dont très peu de personnes étaient au courant dans leur milieu de travail. Ç'a été renversant !

Non seulement cet échange nous a permis d'apprendre des choses extraordinaires, mais il a eu un impact énorme sur les relations entre cadres. Des gestionnaires qui étaient incapables de se blairer auparavant sont devenus de si bons amis qu'ils font maintenant un voyage ensemble chaque année ! Ils se sont tout simplement découvert une passion commune. Comme quoi un petit rien fait parfois toute la différence et qu'un petit geste peut créer un grand mouvement !

Vous pensez qu'il y a trop de réunions et que vous tournez en rond ? Vous avez raison si elles sont mal préparées, non pertinentes et mal dirigées. Diriger une réunion, c'est faire efficacement circuler les idées, les orientations et les décisions de l'entreprise. Il faut par conséquent prendre le temps de bien les préparer.

Il est donc indispensable que nous structurions des activités à caractère formel pour régler les problèmes, informer nos employés, les inviter à réfléchir avec nous et leur faire partager nos objectifs, mais je pense que nous devons aussi organiser des rencontres informelles, car celles-ci sont « l'huile dans la machine ». Souvent, c'est durant ces rencontres qu'on règle des problèmes ou qu'on prend des décisions qui seront, par la suite, confirmées dans un cadre formel. Prévoyons donc, à l'occasion, des activités sociales, récréatives, sportives ou professionnelles au cours desquelles les gens pourront échanger, partager et se dévoiler en tant qu'êtres humains.

Lorsque des collègues socialisent durant une activité, la perception qu'ils ont les uns des autres change. Souvent, ils vont se considérer davantage par la suite, et cela aura une incidence directe sur la qualité de leurs rapports professionnels. Ils ne s'aborderont plus de la même façon ; ils se montreront plus à l'écoute et plus sympathiques les uns avec les autres. Combien de fois ai-je entendu après une rencontre informelle : « Hier, j'ai passé une partie de la soirée avec telle ou telle personne et je l'ai découverte. Elle n'est pas du tout comme je le pensais, mais alors pas du tout ! » Remarquez qu'on m'a aussi déjà dit : « Elle est pire que je pensais ! » Mais de façon générale, ce n'est pas ce qu'on entend.

En plus d'améliorer les relations entre collègues de travail, les rencontres informelles peuvent être profitables aux cadres. S'ils font preuve du sens politique qu'exige leur fonction, ils utiliseront ces rencontres pour faciliter l'atteinte de leurs objectifs. Avant de présenter un dossier dans une réunion, par exemple, il faut avoir protégé ses arrières et s'être assuré de recevoir les appuis nécessaires car j'ai été à même de constater que plusieurs personnes ne disent pas vraiment ce qu'elles pensent, que d'autres ne pensent pas vraiment ce qu'elle disent et finalement que certaines ne font pas ce qu'elles disent. Les consultations informelles sont un excellent moyen d'obtenir ces appuis. Elles nous permettent de découvrir les points forts et les points faibles de notre dossier, de le peaufiner et de faire les ajustements nécessaires pour obtenir un fort consensus.

Dans le cadre de la communication, si vous occupez une fonction de gestion, je vous suggère d'avoir sous la main (au bureau et aux réunions) un tableau de bord informationnel instantané. Vous inscrivez sur une simple feuille un certain nombre de renseignements pertinents qui sont susceptibles de faire l'objet d'une demande ou de discussion à tout moment. Celle-ci pourrait être divisée en quatre sections : les finances, le personnel, les services ou les produits offerts, et votre structure opérationnelle, lesquels doivent normalement relever de vos connaissances. On y retrouvera des données en chiffres absolus ou en pourcentage. Ce ne sont pas forcément des données comparatives. Votre capacité à répondre rapidement à des questions démontrera votre compétence et elle bonifiera rapidement votre image.

En regard de la communication, comment pouvons-nous penser résoudre adéquatement des problèmes, développer de bonnes relations et nous épanouir si nous ne pouvons pas nous rencontrer et discuter ? Comment pouvons-nous sérieusement imaginer qu'on peut créer une véritable équipe quand la majorité des heures travaillées se fait à domicile et que les membres de cette équipe se voient rarement. Comment peut-on développer un sentiment d'appartenance si on n'a pas régulièrement de contacts humains ? Comment peut-on croire que la prolifération des contacts virtuels remplaçant les contacts humains nous permettra de toujours atteindre nos résultats sans problème ? On

prend une orientation dangereuse qui aura de fâcheuses conséquences pour les organisations. Il faut faire régulièrement des
réunions où la présence des employés est obligatoire et réaliser
des activités de dynamisation également obligatoires, telles que
décrites au chapitre 10, si on désire véritablement créer des
équipes gagnantes et obtenir un niveau élevé de performance
dans notre organisation.

Dans les organisations où je donne des conférences, il n'est pas
rare que je constate qu'aucune réunion n'a eu lieu depuis des
mois, voire des années. Pas surprenant qu'il y ait des problèmes,
que le climat organisationnel n'y soit pas bon, qu'on enregistre
une rotation élevée du personnel et que le taux d'absentéisme
soit en constante progression !

Dans une organisation tout comme dans une relation de couple, il
est primordial de se rencontrer pour discuter, sans se disputer, de
ce qui ne va pas ou de ce qui pourrait être amélioré. Si notre
objectif est de prouver que nous avons raison, si nous voulons
absolument gagner et imposer nos idées, nous risquons de tout
perdre. En revanche, si nous faisons preuve d'ouverture d'esprit
et de bonne volonté au cours des discussions, nous pouvons
obtenir d'excellents résultats. Vaut mieux guérir les petits bobos à
mesure qu'ils surviennent que d'avoir à soigner des hémorragies
ou à faire des amputations : analogie intéressante pour une relation de couple.

CE CONSTITUANT
DANS L'ORGANISATION

Pour intégrer ce constituant au sein de l'organisation, je suggère :

✔ Que la direction générale ou l'autorité supérieure de l'organisation rencontre l'ensemble des cadres toutes les six à huit semaines afin de les informer de certaines décisions, des orientations de l'organisation, des projets en cours, et de les consulter.

✔ Qu'un comité de direction formé du directeur général et des cadres supérieurs siège tous les 15 jours, qu'un procès-verbal soit rédigé à la suite de chaque réunion et que les directeurs l'acheminent à leurs cadres dans les meilleurs délais.

✔ Que des comités de gestion formés du directeur de chaque direction et de ses cadres siègent également tous les 15 jours et qu'un procès-verbal de chaque réunion soit transmis aux cadres de la direction.

✔ Qu'un document de style télégraphique comme le « Télégraphe Express » soit rédigé et serve à diffuser, dans toute l'organisation, de l'information sur les décisions et les principaux dossiers en cours.

✔ Que soit créé un site d'information intranet où apparaît, entre autres, le « Télégraphe Express ».

✔ Que dans les jours suivant la rencontre avec le directeur général, c'est-à-dire au cours de la semaine où elle a eu lieu, chaque cadre intermédiaire tienne une réunion avec tout son personnel. Au cours de cette réunion, il remet, entre autres, le «Télégraphe Express» et le commente. Ainsi, tous les employés recevront à peu près simultanément la même information.

✔ Qu'au cours des réunions du directeur général avec les cadres, chacun de ceux-ci se voit allouer deux minutes pour informer ses collègues, s'il y a lieu, d'événements ou de contraintes qui pourraient perturber momentanément le fonctionnement d'un autre service.

✔ Que le comité de direction rencontre tout le personnel deux fois par année.

✔ Que le directeur général ou l'autorité supérieure de l'organisation, une fois par année, rencontre chaque équipe avec le directeur et le chef de service.

✔ Que le comité de direction rencontre l'ensemble des bureaux syndicaux deux ou trois fois par année, non pas pour discuter des griefs, mais pour informer les représentants des orientations de l'organisation, partager avec eux certaines préoccupations et leur demander leur opinion sur certains dossiers.

✔ Que, dans toute rencontre, on salue chaleureusement les gens avant de discuter d'un dossier.

✔ Que des activités à caractère professionnel, social ou sportif soient organisées par la direction, le club social et différents comités afin de permettre aux membres du personnel d'échanger et de communiquer. Certaines de ces rencontres devraient être formelles, d'autres, informelles.

✔ Que les réunions soient moins longues mais plus fréquentes.

✔ Que les réunions débutent toujours à l'heure prévue et qu'aucun retour ne soit fait pour les retardataires.

✔ Qu'à la fin de chaque réunion, une évaluation sur son contenu et son fonctionnement soit faite par les membres.

✔ Qu'à la fin de chaque réunion de direction, on convienne précisément de l'information à diffuser et du délai dont on dispose pour le faire.

✔ Qu'il n'y ait pas plus de trois paliers hiérarchiques entre la direction générale et les employés.

✔ Que la fréquence et la nature des réunions soient modulées en fonction des contraintes et de l'importance de l'organisation.

✔ Qu'on n'oublie jamais qu'une organisation, c'est avant tout une question de rapports humains avant d'être un produit ou un service.

9

Embauchons du personnel dynamique

Dans le plaisir au quotidien, les personnes avec qui nous partageons nos activités sont choisies en fonction de leur savoir-être. En général, nous éloignons rapidement de nous les gens qui n'adoptent pas de bonnes attitudes.

Dans les organisations, encore aujourd'hui, on sélectionne les employés surtout en fonction de leur savoir-faire. C'est pour cette raison qu'on se retrouve souvent avec des employés qui ont des problèmes d'attitude et de comportement compromettant le savoir-faire dans l'organisation. Après quelques années de service, ces individus deviennent semblables à des jouets dont les batteries sont à terre. De temps en temps, on aperçoit un soupçon de lumière dans leurs yeux. À l'occasion, ils font un pas ou lèvent un bras pour poser un geste significatif. Ils ont le *spring* étiré ! Ils sont assis sur leur steak.

Dans un établissement de santé où j'ai occupé le poste de directeur des services administratifs, j'ai dû embaucher un nouveau chef des services financiers. Environ 45 jours après avoir été engagé, il se présente à mon bureau en me disant : « Jean-Luc, je suis découragé, 17 de mes 21 employés sont complètement éteints. » Vous savez ce que je lui ai répondu ? « Ils ne sont pas éteints : ils n'ont jamais été allumés ! »

Toutes ces personnes que Jean-Louis dirigeait étaient très compétentes. Elles savaient toutes très bien compter. La preuve : elles savaient toutes exactement combien de jours il leur restait à travailler avant de prendre leur retraite. Il y en avait une, entre autres, qui, tous les matins à son arrivée, barrait en rouge une case du calendrier. Lorsque Jean-Louis m'a communiqué cette information, il restait à l'employée exactement 446 jours à travailler. Elle avait peut-être l'impression d'être en prison...

Si nous désirons que notre organisation soit dynamique, nous devons embaucher des employés qui sont dynamiques et qui adoptent de bonnes attitudes et de bons comportements. Cela relève uniquement du gros bon sens.

J'ai déjà été directeur des ressources humaines dans un important établissement de santé qui comptait 34 syndicats. Le bonheur total ! De quoi capoter complètement, tous les jours ! Étant à la recherche d'un audioprothésiste — une denrée plutôt rare, si je peux utiliser cette expression —, j'ai fait paraître quelques annonces conventionnelles dans les journaux. Comme mes démarches ont été infructueuses, j'ai de nouveau fait publier l'offre d'emploi dans *La Presse*, mais en prenant soin d'écrire ceci :

> *Recherche une personne capable d'étonner, de surprendre, de faire rire, qui a conservé son cœur d'enfant. Elle a la capacité d'avoir du plaisir au travail et de fonctionner en équipe. Elle est reconnue pour son savoir-être, et elle adhère aux valeurs de loyauté, de solidarité, de respect et de transparence.*

Vous auriez dû voir la tête de mon patron quand il a vu l'annonce dans *La Presse* ! J'ai été chanceux de conserver la mienne, d'autant plus qu'il a appris que cette annonce avait coûté 5 000 $... Elle n'a paru qu'une seule fois, mais le résultat a été extraordinaire.

Parmi les nombreuses organisations qui m'ont invité à faire des conférences, une m'a particulièrement impressionné. Il s'agit de la compagnie Bell Hélicoptère, à Saint-Jérôme. Dans cette entreprise, on accorde beaucoup d'importance au savoir-être quand vient le moment d'engager du personnel. J'ai eu le plaisir de visiter l'usine de la compagnie avec son président et j'ai pu constater que les rapports humains y sont très bons. C'est une entreprise dynamique où les employés font preuve d'un savoir-être et d'un savoir-faire exemplaires.

Vous connaissez Southwest Airlines? C'est une des rares compagnies aériennes américaines qui rapporte des bénéfices sans se pendre à la tétine du gouvernement. Les résultats qu'elle obtient grâce au processus de recrutement qu'elle a développé m'ont conforté dans mes opinions. D'abord, elle attache une très grande importance au savoir-être. Pour travailler dans cette compagnie, il faut posséder quatre caractéristiques : être hyper positif, c'est-à-dire chercher des solutions plutôt que des problèmes ; aimer faire les choses autrement ; aimer travailler en équipe ; avoir un très bon sens de l'humour et l'utiliser tous les jours.

À cet égard, un ami m'a raconté une anecdote. Un jour, il prend un vol de Southwest Airlines pour se rendre à Los Angeles, en Californie. L'avion décolle comme prévu à midi. Une fois que l'appareil est dans les airs, comme le veut l'usage, le commandant s'adresse aux passagers. Il dit : «Mesdames et messieurs, ici le commandant John Talbot. Bienvenue à bord du vol 786 en direction de Paris !» Black-out total dans la tête de mon ami, qui pense tout de suite qu'il n'est pas dans le bon avion ! Le rythme de son cœur s'accélère. Il fait part de son problème à sa voisine, qui, elle aussi, commence à paniquer.

Le commandant ajoute : «Nous allons voler à une altitude de 39 000 pieds, à une vitesse moyenne de 800 kilomètres à l'heure. Nous prévoyons arriver dans la Ville lumière à 17 h 20.» Ceux qui n'avaient pas encore allumé… se mettent à «flasher» d'un coup ! Curieusement, aucun agent de bord n'est disponible pour répondre aux questions des gens. Quelques secondes plus tard, le commandant ajoute : «Ceci est ma *joke* de la journée !

Pour les passagers à destination de Los Angeles, nous allons voler à une altitude de 39 000 pieds et nous arriverons à destination à 17 h 20. » Tous les passagers se mettent à rire et à parler entre eux de la blague.

Qu'est-ce que le commandant a fait, ce jour-là ? Il a créé de l'émotion, ce qui ne se fait plus dans les organisations, sauf le matin où on informe quelqu'un qu'il est congédié. Quand on sort d'un avion, les gens qui nous attendaient nous demandent toujours comment s'est passé le vol. En général, on répond qu'il s'est très bien déroulé ou qu'il y a eu quelques perturbations. Mais cette journée-là, les passagers ont tous eu quelque chose de beaucoup plus intéressant à raconter ! En tout cas, ce commandant avait sûrement réussi haut la main les tests pour être embauché chez Southwest Airlines !

Le test final à passer pour être recruté par cette compagnie est le suivant. Le candidat entre dans un local où il y a une multitude de déguisements et doit concevoir un scénario drôle dans un délai de 20 minutes. Ensuite, il se rend dans le local adjacent, où l'attendent de 5 à 20 membres du personnel de Southwest Airlines. Le mandat du candidat est de les faire rire durant deux minutes. S'il n'y arrive pas, il est *out* !

Cela semble farfelu, mais ça ne l'est pas du tout. Il y a une logique derrière cette approche. En effet, au terme du processus de sélection, la personne qui réussit ce test confirme qu'elle sait faire preuve de débrouillardise, de dynamisme, de créativité et d'imagination. Elle prouve qu'elle sait résister à la pression, qu'elle est capable d'exercer un bon contrôle sur elle-même, qu'elle peut se transcender pour jouer un rôle et qu'elle a la force de caractère nécessaire pour s'affirmer dans des situations difficiles.

Très souvent, dans les organisations, nous recrutons le personnel à la hâte, pour ne pas dire en catastrophe. Nous ne réalisons pas qu'un mauvais recrutement peut générer d'importants problèmes et coûter très cher. En effet, le choix inapproprié d'un candidat peut profondément perturber le fonctionnement d'une équipe, détériorer un climat de travail et provoquer des démissions.

Si le nouvel employé ne cadre pas avec son équipe, il n'y demeurera sans doute pas très longtemps. On devra donc reprendre à zéro le processus de recrutement, et cela occasionnera des dépenses supplémentaires, notamment parce qu'on devra former un nouvel employé. On devra aussi sans doute composer avec l'insatisfaction de la clientèle, qui se plaindra d'un manque de service.

En ce qui concerne le savoir-faire des candidats, plusieurs indices nous permettent d'en juger : leur niveau d'études (collégial ou universitaire), leur appartenance à un ordre professionnel, leur parcours professionnel, etc. Si les postes qu'a précédemment occupés un candidat ne sont pas connexes à celui auquel il postule, on ne le choisira sans doute pas. Dans un centre hospitalier, par exemple, on n'embaucherait pas une infirmière d'un centre d'hébergement pour occuper un poste en chirurgie cardiaque dans un bloc opératoire. Elle n'aurait pas le profil recherché.

Le curriculum vitæ est donc un outil utile pour évaluer le savoir-faire d'un candidat. Malheureusement, aucun document ne nous permet d'évaluer le savoir-être des personnes, lequel peut compromettre leur savoir-faire.

Considérant ces faits, j'ai un jour décidé que, au cours du processus de recrutement, nous porterions une attention toute particulière au savoir-être des candidats et que, à compétence égale, nous privilégierions ceux qui démontrent le savoir-être recherché. Nous avons donc dressé une liste des qualités requises pour obtenir un poste au sein de l'organisation. Cette liste est semblable à celle établie par Southwest Airlines, mais elle compte un élément de plus.

Voici donc le profil auquel doivent correspondre les personnes embauchées :

• Elles sont positives et centrées sur les solutions plutôt que les problèmes.

• Elles aiment travailler en équipe.

• Elles ont la capacité de travailler différemment.

• Elles ont un bon sens de l'humour et elles peuvent l'utiliser tous les jours.

• Elles aiment avoir du plaisir.

Afin d'évaluer le mieux possible l'intérêt des candidats pour le poste, nous avons décidé d'ajouter ces quelques questions à la liste des questions traditionnelles :

• Que faites-vous si un conflit éclate entre vous et un de vos collègues ?

• Que faites-vous s'il y a une incompatibilité de caractères entre un de vos collègues et vous et qu'une mutation dans un autre service est impossible ?

• Quelle est la situation conflictuelle la plus difficile que vous ayez vécue et comment y avez-vous réagi ?

• Quelle(s) valeur(s) privilégiez-vous dans votre vie personnelle et dans votre vie professionnelle ?

• Quelle est votre plus belle qualité humaine et quel trait de votre personnalité aimeriez-vous améliorer ?

• Comment peut-on faire preuve de leadership sans heurter ses collègues lorsqu'on arrive dans un nouveau milieu de travail ?

• Comment signaleriez-vous à quelqu'un qu'il a mauvaise haleine ou qu'il dégage de mauvaises odeurs si c'est : a) un collègue b) votre patron ?

• Vous êtes en période d'essai et votre patron vous demande de faire quelque chose que vous ne voulez pas faire. Qu'est-ce que vous lui dites et qu'est-ce que vous faites ?

• Qu'est-ce que ça veut dire, pour vous, avoir du plaisir ?

• À quand remonte la dernière fois où vous avez eu beaucoup de plaisir ? Qu'est-ce qui a provoqué ce plaisir ?

• Quel est le dernier film drôle ou le dernier spectacle d'humour que vous avez vu ?

• Qu'est-ce qui vous fait plaisir ? Quels sont les plaisirs que vous recherchez ?

• Quelle est la chose la plus sautée que vous ayez faite dans votre vie *a*) personnelle *b*) professionnelle ?

• Quel est le geste que vous aimeriez poser, sans avoir jamais osé le faire, pour illuminer la vie de vos collègues ? Pourquoi ne l'avez-vous jamais fait ?

• Quelle niaiserie seriez-vous prêt à faire pour détendre l'atmosphère ?

• Qu'est-ce que vous seriez prêt à faire pour dynamiser votre équipe et faire en sorte que celle-ci se démarque de toutes les autres dans l'organisation ?

• Qu'est-ce que vous seriez prêt à faire pour obtenir le poste qui vous intéresse ? Seriez-vous prêt à le faire maintenant ?

Dans la dernière organisation où j'ai travaillé, tous les candidats à un poste avaient l'obligation de signer un engagement à l'égard du savoir-être attendu, comme celui décrit au chapitre 3, qui porte sur les bonnes attitudes à adopter. Si la personne refusait de le signer, elle n'était pas embauchée. En demandant aux gens de signer cet engagement, on transmet un message clair, autant à l'interne qu'à l'externe, quant à l'importance d'adopter de bonnes attitudes et de bons comportements dans l'organisation.

Selon toute apparence, pour certains directeurs des ressources humaines, la sélection du personnel ne constitue pas une priorité. Très souvent, ils délèguent cette importante responsabilité à des gens qui n'ont pas les habiletés nécessaires pour choisir les meilleures recrues.

On se questionne d'ailleurs rarement sur les compétences de ceux qui font l'évaluation des candidats. Ce n'est pas parce qu'on fait du recrutement qu'on est un bon recruteur. Ce n'est pas non plus parce qu'une personne est spécialisée en relations de travail qu'elle est apte à faire du recrutement. Il faut aussi considérer que, habituellement, ce n'est pas elle qui aura à superviser le futur employé et que, par conséquent, elle n'est pas forcément la mieux placée pour porter un jugement.

Les personnes responsables du recrutement doivent faire preuve d'un grand professionnalisme. Elles doivent bien définir le profil du candidat recherché et préparer l'entrevue. Première étape : la présélection. On sous-estime parfois son importance. Si elle est bien faite, elle évite les pertes de temps. Deuxième étape : le choix des membres du comité de sélection. On ne peut faire seul une entrevue. Le comité doit compter parmi ses membres le supérieur et, de préférence, un collègue du futur employé. Troisième étape : on détermine le temps qui sera alloué à l'entrevue, on désigne la personne qui fera l'accueil du candidat, puis on se répartit les questions à poser.

On peut choisir de faire passer des tests, mais, personnellement, je ne crois pas que les candidats qui obtiennent les meilleurs résultats sont nécessairement les plus prometteurs. D'ailleurs, ce ne sont pas automatiquement ceux qui obtiennent les meilleures notes à l'école qui obtiennent le plus de succès sur le marché du travail. Certaines organisations où l'on choisit les candidats en fonction de leurs résultats aux tests plutôt qu'en fonction de leur savoir-être rencontrent régulièrement de sérieux problèmes. Rappelons-nous qu'il est beaucoup plus facile d'aider un candidat à augmenter sa compétence que de l'amener à changer ses attitudes et ses comportements.

Après avoir embauché une personne, il faut s'assurer qu'elle sera bien accueillie. On lui souhaite la bienvenue, on lui fait visiter les lieux, on la présente à ses nouveaux collègues et aux personnes importantes, on lui remet une documentation complète sur l'organisation, les politiques internes, les avantages sociaux dont elle bénéficiera, etc. Il est important qu'elle se sente vraiment désirée.

La plupart des organisations ne souhaitent pas publiquement la bienvenue à leurs nouveaux employés, sauf lorsqu'il s'agit de représentants. Le but visé, dans ce cas, est d'informer la clientèle. Dernièrement, la Caisse populaire Desjardins de Saint-Dominique a fait paraître un texte dans le journal (format 4 po x 6 po avec photo) pour souhaiter la bienvenue à un nouveau dirigeant stagiaire. On y faisait état de son niveau d'études et de ses talents de musicien. Cet étudiant de troisième année au baccalauréat en sciences sociales a très certainement été touché par ce texte, qui témoignait de la considération que le conseil d'administration et la directrice générale avaient pour lui. Ce message lui a sans doute laissé entrevoir que le milieu dans lequel il allait commencer sa carrière était accueillant et stimulant.

En plus d'adopter le bon processus, les recruteurs doivent impérativement faire une réflexion philosophique sur les conditions d'emploi qu'ils offrent et adapter celles-ci à la réalité d'aujourd'hui. Il faut être conscient que le monde du travail est en pleine mutation.

Il y a à peine 10 ans, les entreprises pouvaient imposer leurs conditions d'emploi. Aujourd'hui, le rapport de force est en train de changer. Le gros bout du bâton, si on peut utiliser l'expression, passe de plus en plus aux mains des futurs employés. Ce sont eux qu'on devra convaincre, d'ici peu de temps, d'occuper les nombreux postes laissés vacants par les baby-boomers, qui se retirent massivement du marché du travail. Bientôt, ce seront eux qui feront passer des entrevues aux organisations. Cela se produit d'ailleurs déjà dans certains secteurs.

Il y a 20 ans, la question était : « Qu'est-ce que tu aimerais faire plus tard ? » Aujourd'hui, on demande plutôt : « Qu'est-ce que tu aimerais être plus tard ? » La recherche du plaisir est très importante pour la génération Y et elle le sera encore davantage pour les suivantes.

Je connais un jeune homme de la génération Y qui travaille pour une importante organisation. Cette compagnie, qui œuvre dans le domaine technologique, offre des conditions salariales qui se situent dans la moyenne. Or, le jeune homme a une passion dans la vie : il aime enseigner le hockey aux jeunes et « coacher » une équipe. Pour lui, cette passion est aussi, sinon plus, importante que son travail. Elle lui permet de se réaliser pleinement, alors que son emploi lui permet de payer ses dépenses de subsistance. Son employeur a donc consenti à réduire son temps de travail à 20 heures par semaine pour une période de 8 mois, afin qu'il puisse vivre pleinement sa passion et réaliser un projet qui lui tient à cœur.

Je pense qu'il est préférable, pour un employeur, d'embaucher deux employés très motivés à temps partiel plutôt qu'une personne peu motivée à temps plein. Pour s'épanouir au travail, les employés doivent jouir de conditions adaptées à la réalité d'aujourd'hui. On doit leur assurer une bonne qualité de vie et leur permettre d'accéder au mieux-être.

Pour cela, les employés doivent jouir d'une bonne santé physique et psychologique, mais aussi de conditions sociales optimales. Pour permettre au personnel d'accéder au mieux-être, on peut lui offrir, entre autres : un horaire flexible ; des congés mobiles ; de plus longues vacances ; des congés sans solde, autofinancés ou sabbatiques ; la possibilité d'échanger un quart de travail avec un collègue ; des congés pour études ; des formations financées ; un environnement stimulant ; un équipement de pointe ; un soutien émotionnel ; une garderie sur place ; des possibilités d'avancement ; une bonne rémunération, etc. On doit aussi, évidemment, mettre en application les 12 constituants de la PPLP !

Tous les êtres humains sont différents. Par conséquent, ce qui motive certaines personnes ne motive pas forcément les autres. La meilleure façon de découvrir ce qui motive les employés d'une organisation est simple : il suffit de le leur demander.

Pourquoi ne pas changer, aussi, la façon d'évaluer l'apport d'un employé dans l'entreprise ? Plutôt que de parler d'évaluation de rendement annuelle de l'employé, pensons à une rencontre bidirectionnelle au cours de laquelle l'employeur et l'employé exprimeraient chacun leur satisfaction et leurs attentes. Cette rencontre aurait lieu au moins une fois par année et se diviserait en deux parties. Dans la première, on parlerait de ce qui a été apprécié au cours de l'année, donc des réalisations ; dans la deuxième, on parlerait de ce qu'on souhaite réaliser au cours de l'année à venir, donc des objectifs à atteindre. Un compte rendu de la discussion devrait être inséré dans le dossier de l'employé.

Actuellement, les processus d'évaluation sont d'une telle complexité qu'on perd l'essence des messages à véhiculer et qu'on oublie ce qu'il faut retenir. À couvrir trop grand, on oublie ce qui est le plus important. Si vous désirez témoigner de la considération et de l'appréciation à la personne que vous rencontrez, prenez toujours place à ses côtés devant votre bureau ou invitez-la à votre table de travail en lui offrant un café. Si vous désirez faire preuve d'autorité, demeurez derrière votre bureau et si vous désirez vous en débarrasser rapidement, restez debout et déplacez des dossiers. Des études sur les perceptions ont démontré l'efficacité de ces stratégies.

Le mieux-être de votre personnel vous tient à cœur, et vous voulez innover ? Aménagez un café de luminothérapie pour réduire les dépressions saisonnières. Ouvrez le pub de l'organisation, où le personnel pourra se réunir et se divertir après le travail en prenant une consommation. Aménagez une salle de méditation ou de relaxation et faites-y jouer de la musique appropriée. Offrez, une fois par semaine, des séances de massothérapie. Organisez des séances d'aérobie. Instaurez un club de marche. Offrez des cours de yoga ou de tai chi. Il n'y a pas de limite ! Laissez juste aller votre imagination… Transcendez l'existant et faites les choses différemment.

Ces propositions pour adapter les conditions de travail des employés à la réalité d'aujourd'hui vous semblent extravagantes ? Eh bien, elles ne le sont pas du tout. Actuellement, tel qu'édicté par le gouvernement, pour une année de 52 semaines, on bénéficie de seulement 2 semaines de congé. Cela signifie que nous ne sommes en congé que 4 % de l'année. Au mieux, dans certaines organisations, on a droit à quatre ou à six semaines de vacances. Certaines personnes prétendent qu'il faut travailler davantage pour conserver nos acquis dans la société et continuer à prospérer. Moi, je pense qu'il faut être plus productif. Pour ce faire, il faut innover, développer, être créatif et gérer différemment en utilisant la PPLP.

La société considère que les journées que nous passons au travail devraient représenter de 90 % à 96 % de notre vie. Est-ce bien logique ? L'être humain vit-il pour être accablé d'obligations ? Nous réalisons un jour que nous avons perdu notre vie à la gagner. Nous constatons alors que nous ne connaissons pas vraiment nos enfants et que nous avons négligé nos parents et nos amis.

Ça remonte à quand, la dernière fois que vous êtes allé au cinéma ou que vous avez fait un voyage avec votre fils ou votre fille ? Prenez-vous le temps de faire les choses qui vous plaisent ? Le temps perdu est l'une des rares choses qu'on ne peut récupérer !

Les organisations qui ne changeront pas leurs conditions d'emploi et leur mode de fonctionnement connaîtront très bientôt de sérieuses difficultés en matière de recrutement. Certains problèmes s'observent d'ailleurs déjà. Les jeunes travailleurs des générations montantes réalisent, plus que ceux qui les ont précédés, qu'ils n'ont qu'une vie à vivre, et ils veulent la vivre dans les meilleures conditions possible. Ils ont bien raison ! On n'a qu'une vie pour s'amuser et toute l'éternité pour se reposer. Profitons donc de la vie !

Dans plusieurs organisations, l'employé acquiert sa permanence dès son entrée en service. Dans les organisations où les nouveaux salariés sont soumis à une période d'essai, ceux-ci obtiennent souvent leur permanence sans même avoir été évalués après la fin de la période d'essai. Cela peut entraîner de très importantes conséquences, car, une fois qu'ils ont obtenu leur permanence, les employés jouissent de précieux privilèges.

Pour éviter que des employés qui n'ont pas les aptitudes nécessaires pour occuper leur poste obtiennent leur permanence, on peut créer le statut de « gardien de la permanence » afin d'assurer un suivi dans l'ensemble de l'organisation. Ça peut être quelqu'un du service de la paie ou des ressources humaines qui a, entre autres, la tâche d'informer le supérieur immédiat que l'un de ses employés arrivera bientôt au terme de sa période d'essai.

Lorsque l'employé relève de plusieurs patrons, comme c'est le cas dans de nombreux milieux, il faut que chacun de ceux-ci soit informé et contribue à l'évaluation. Le superviseur de la période d'essai doit désigner, parmi l'ensemble des supérieurs, celui qui sera responsable du processus. En adoptant cette façon de faire, on peut éviter de graves erreurs et conserver seulement les meilleurs employés.

CE CONSTITUANT
DANS L'ORGANISATION

Pour intégrer ce constituant au sein de l'organisation, je suggère :

✔ De faire une réflexion sur les conditions d'emploi présentement offertes aux candidats et de les adapter à la réalité d'aujourd'hui.

✔ De réviser le mode de recrutement en accordant une plus grande importance au savoir-être.

✔ D'évaluer, au moins une fois par année, les besoins en recrutement avec la collaboration du personnel d'encadrement.

✔ D'élaborer un questionnaire permettant d'évaluer le savoir-être et le dynamisme des candidats.

✔ De s'assurer que les différentes étapes du processus de recrutement, notamment l'entrevue, soit menées par des personnes compétentes.

✔ D'inclure dans le comité de sélection une personne qui occupe un poste similaire à celui auquel postule le candidat et, de préférence, un employé qui deviendra l'un des collègues du candidat.

✔ De ne pas se fier uniquement aux résultats des tests pour faire le choix des nouveaux employés ; le *feeling* des membres du comité, notamment du supérieur immédiat et de l'éventuel collègue, doit aussi être fortement considéré.

✔ D'embaucher uniquement du personnel dynamique, à l'image de l'organisation.

✔ D'instaurer le statut de « gardien de la permanence ».

✔ De toujours donner une formation appropriée aux personnes embauchées.

✔ De remplacer l'évaluation de rendement annuelle par une rencontre annuelle d'appéciation au cours de laquelle l'employeur et l'employé revoient ce qui a été accompli au cours de l'année, déterminent les nouveaux objectifs à atteindre et partagent leurs attentes réciproques.

✔ D'élaborer une bonne politique d'accueil pour les nouveaux employés.

Dynamisons et animons l'organisation

Dans le plaisir au quotidien, quand nous sommes seul, nous dépensons toujours une certaine énergie, mais quand nous sommes plusieurs, une synergie s'établit. La synergie, c'est la coordination des actions de plusieurs personnes qui ont la volonté de faire quelque chose d'excitant ou de réjouissant pour atteindre un objectif commun.

Je pense que, dans les organisations, les membres du personnel et les cadres ne peuvent plus être seulement des employés et des gestionnaires. Ils doivent absolument être des animateurs et des dynamiseurs dans leur milieu de travail. Si nous ne visons pas cet objectif, nous allons tous devenir, peu importe le poste que nous occupons, l'instrument des organisations, et à partir de ce moment, seuls les résultats vont compter. Et s'ils ne sont pas à la hauteur des exigences, nous alléguerons n'importe quelle raison pour nous justifier de ne plus être l'homme ou la femme de la situation.

Les organisations deviennent de plus en plus des corps sans âme, et même des corps virtuels. On veut obtenir des résultats le plus rapidement possible, mais avec le moins de personnel possible. Dans le milieu bancaire, on remplace les caissiers par des guichets automatiques. On peut aussi, grâce à Internet et aux services automatisés, contracter un emprunt, obtenir une carte de crédit ou acheter un nombre impressionnant de biens et de services sans parler à personne.

Vous tentez de contacter votre compagnie de téléphone, d'électricité, de gaz ? Ce sont des ordinateurs qui vous répondent en imitant la voix humaine avec une justesse étonnante, et qui peuvent même interpréter vos demandes. On leur attribue des noms : « Bonjour, je m'appelle Julie. » Que puis-je faire pour vous satisfaire ? » On a l'impression que l'ordinateur est en train de se déshabiller. Parfois, leur voix est d'une telle sensualité qu'on aimerait les rencontrer. Au rythme où les choses évoluent, je prédis que, très prochainement, les travailleuses du sexe qui animent les lignes érotiques perdront leur emploi !

De plus en plus, la dépersonnalisation des rapports s'accentue, et l'être humain a le sentiment de n'être qu'un numéro. Nous sommes aspirés par la démesure des organisations. Au nom de la performance, par exemple, nous avons créé des monstres dans le domaine de la santé, soit des centres hospitaliers qui regroupent jusqu'à 11 000 employés. Auparavant, on disait : *Small is beautiful*. Maintenant, on dit : *Big is better* ! À mon sens, c'est un non-sens, une grosse erreur.

Même la clientèle, aujourd'hui, est dépersonnalisée. Dans plusieurs hôpitaux, on parle d'un numéro au lieu de nommer la personne. On parle de la prostate du 444, des hémorroïdes du 336, etc. Lorsque vous communiquez avec le service de l'informatique ou celui de la paie pour résoudre un problème, on ne vous demande pas votre nom mais votre numéro d'employé. Et c'est la même chose à peu près partout. Ce qu'on exige, c'est un résultat, et pas n'importe lequel : on veut le résultat optimal, instantanément !

Vous avez certainement déjà entendu ce genre de phrases : « Les employés ne sont pas embauchés pour s'épanouir et avoir du plaisir ; ils sont ici pour travailler. C'est pour ça qu'ils sont payés. » Cette idée est loin de correspondre à celle que je défends. Selon moi, les gens heureux produisent plus et mieux, et cela a été prouvé partout où la philosophie de la Performance par le plaisir a été expérimentée.

Pour contrer l'obsession du résultat pour le résultat, personnalisons nos rapports, retrouvons notre cœur d'enfant et surprenons agréablement notre personnel ou nos collègues par des gestes inusités qui vont illuminer leur journée. Dans les milieux de travail où j'ai œuvré, j'ai toujours beaucoup insisté sur l'importance de l'animation et de la dynamisation, et cela a produit des résultats extraordinaires.

Un jour, la directrice des soins avec qui je travaille réalise qu'il est 20 h et qu'elle n'a pas encore mangé. Elle se *call* une pizza de neuf pouces (en passant, lorsque j'ai travaillé au Centre hospitalier de Rouyn-Noranda, j'ai constaté que, par là, on ne *call* pas seulement des orignaux ; on *call* aussi des pizzas). En plus de sa pizza de neuf pouces, elle commande six « jumbo ». Lorsque les pizzas arrivent, elle va les porter elle-même dans trois services différents en disant au personnel : « Je sais que vous avez beaucoup de travail, que vous mangez souvent très rapidement, alors j'ai pensé que cela vous ferait plaisir d'avoir une pointe de pizza. » Imaginez la tête du personnel...

Autre exemple : Un vendredi, la directrice des services techniques et le cadre responsable de la menuiserie convoquent le personnel de ce service, qui compte environ 20 personnes. La directrice leur donne rendez-vous à 14 h dans leur département, alors qu'ils terminent leur travail à 15 h. À l'heure dite, elle arrive avec une caisse de 24 (eh oui, de la bière !) en disant : « Les gars, je désirais vous remercier pour la qualité du travail que vous faites. Vous êtes de vrais professionnels. Une chance que vous êtes là ! » Quand ses employés l'ont revue le lundi matin dans le corridor, pensez-vous qu'ils lui ont dit : « T'achèteras une autre sorte la prochaine fois » ? Pas du tout ! Ils avaient tous été touchés par son geste et ils étaient très contents de la revoir et de la saluer.

Une année, pour Pâques, j'ai acheté une quarantaine de boîtes de chocolat et des cartes que j'ai moi-même choisies et signées. À minuit, j'ai demandé à l'agent de sécurité de livrer les cadeaux

aux postes de garde de l'hôpital. J'ai pris soin de poser le même geste pour les personnes affectées aux autres quarts de travail. Dans chacune des cartes, j'avais écrit : « Je vous remercie énormément pour votre dévouement et la qualité des soins que vous prodiguez. Joyeuses Pâques ! Jean-Luc Tremblay, d.g. » Ce genre de gestes ne suscite pas toujours des réactions immédiates, mais il touche les gens et, du coup, améliore la qualité des relations.

J'ai déjà eu comme patron un directeur général extraordinaire. Il se nommait Robert. Il me téléphonait à l'occasion pour me dire : « Jean-Luc, il faudrait absolument qu'on se voie à 18 h. On a un dossier très rouge. » Quand j'arrivais à son bureau, il ouvrait une bouteille de vin… rouge, évidemment ! Parfois, on était trois ou quatre cadres à se séparer la bouteille. J'adorais ce patron. Quiconque aurait voulu lui faire du mal aurait d'abord dû me passer sur le corps. Mais moi, évidemment, je n'ai jamais fait ça, convoquer des cadres pour un dossier rouge !

Comme directeur général, tous les 15 jours, je consacrais une heure à rencontrer les employés dans leur service, de façon informelle. J'arrivais à l'improviste avec des beignes et du café. Les gens étaient sensibles à cette petite attention et, à l'occasion, me taquinaient dans le corridor en me disant à la blague : « Monsieur Tremblay, ça fait longtemps qu'on n'a pas eu nos beignes. Vous nous négligez ! »

Au travail, la dynamisation consiste à insuffler de l'énergie et de l'entrain au personnel, à créer un mouvement positif. Dynamiser une organisation, c'est « mettre de l'huile dans la machine », si je peux dire. La dynamisation est essentielle puisqu'elle assure des relations de travail harmonieuses et, de ce fait, optimise le rendement des employés. Elle permet à l'organisation d'atteindre plus facilement ses objectifs.

Un moyen de dynamiser une entreprise est de créer des comités responsables de planifier et de coordonner des événements professionnels, sociaux, sportifs et récréatifs. Pendant leurs réunions, les membres de ces comités pensent positif, parlent positif et « contaminent » de façon positive leur environnement. Par conséquent, toutes les personnes qui participeront à leurs activités vivront une expérience positive et parleront ensuite positivement de ce qu'elles ont vécu. Les photos affichées sur les babillards et les vidéos présentés sur l'intranet leur rappelleront par ailleurs les moments forts de l'événement. Il en découlera un très puissant sentiment de satisfaction, qui fera l'objet de plusieurs conversations.

Plus les comités organisent d'événements au cours de l'année, plus les relations de travail et le fonctionnement de l'organisation s'améliorent. Les employés qui s'impliquent dans les activités développent un plus grand sentiment d'appartenance envers l'organisation, la direction ou le service où ils travaillent. Si on multiplie les événements en utilisant les autres constituants de la PPLP, on obtient des résultats étonnants.

Il est important de faire la distinction entre événement et activité. En général, l'événement revêt un caractère plus grandiose. Pour que le personnel perçoive son importance, on doit adopter certaines façons de faire. Les détails comptent et font souvent toute la différence. Il faut donc avoir le souci du détail, sans pour autant être perfectionniste.

Plusieurs personnes doivent participer à la planification et à l'organisation de l'événement. On peut s'adjoindre des cadres pour faire la planification et on doit s'assurer que les organisateurs seront libérés de leur travail durant un certain nombre d'heures pour tout préparer. Il faut aussi bien publiciser l'événement et faire des rappels si on veut que les gens y assistent. On prend des photos qui seront par la suite présentées sur les babillards, sur le site intranet et dans le journal de l'organisation. On peut également tourner des vidéos. Selon l'ampleur et la nature de l'événement, on peut envoyer un communiqué de presse aux journalistes, puis faire un suivi auprès d'eux en les invitant à diffuser la nouvelle.

En ce qui concerne les activités, il est préférable que ce soient les employés qui prennent l'initiative de les organiser. Quelques cadres peuvent toutefois siéger aux comités organisateurs. Ils deviendront alors des «courroies de transmission» auprès de leurs collègues et solliciteront leur participation aux activités. Il n'est cependant pas nécessaire qu'ils président les comités ; leur rôle est plutôt d'encourager les initiatives, de faciliter la réalisation des activités et d'y participer.

N'oubliez surtout pas d'allouer des budgets, même s'ils sont modestes, aux comités et de déterminer un nombre d'heures durant lesquelles les organisateurs pourront se libérer de leur travail pour préparer l'activité ou l'événement. Si les réunions ne peuvent pas être tenues durant les heures de travail, on peut offrir aux organisateurs des repas gratuits à l'heure du lunch. C'est généralement un signe d'encouragement très apprécié.

Il est important de désigner une personne qui assumera, entre autres responsabilités, celle de la dynamisation de l'organisation. Cette personne doit relever de l'autorité supérieure, c'est-à-dire du directeur général. Elle doit encourager les initiatives et faciliter leur réalisation ; elle joue le rôle d'appui au moment de la création de différents comités. Elle élabore, entre autres, le calendrier annuel des événements avec la collaboration du club social et des autres intervenants. Elle assure un suivi : huit semaines avant l'activité, elle vérifie auprès du comité organisateur si celle-ci aura bien lieu ; quatre semaines avant, elle demande au comité de confirmer la date, qu'elle annonce ensuite au directeur général et aux cadres qui devraient faire acte de présence.

De plus, cette personne sert de lien entre la direction générale, le club social, le groupe des leaders naturels et les autres comités, le cas échéant. S'il y a, par exemple, un comité de l'humour dans l'organisation qui affiche dans les toilettes le gag et la réflexion de la semaine, elle travaille en collaboration avec lui. Elle participe avec les membres du comité à la sélection des messages et en vérifie la qualité. Elle supervise aussi la distribution des affiches.

Quand cette personne communique avec les membres des différents comités, elle leur rappelle les éléments qui garantissent le succès d'un événement et leur transmet l'information appropriée. Après l'événement, elle demande au président du comité la liste des organisateurs afin de souligner leur contribution. Elle exprime son opinion sur la pertinence des différents comités et fait des recommandations au directeur général.

Dans l'une des organisations que j'ai dirigées, nous avons créé un club social. Nous lui avons confié de s'occuper de la gestion des machines distributrices et de récolter les profits ainsi générés. Cela représentait environ 15 000 $ par année. Le président du club était libéré une journée par semaine, ce qui lui a permis de jouer pleinement son rôle, et les organisateurs des comités bénéficiaient d'une banque de temps pour préparer leurs activités.

Le mandat du club n'était pas de créer des activités, mais plutôt de créer des comités responsables d'organiser des activités et de les aider à s'autofinancer. Ces comités avaient des rôles bien définis et devaient s'assurer que leurs actions étaient en lien direct avec leur mandat. Plusieurs comités se sont démarqués ; les activités de certains ont même fait l'objet d'articles dans les journaux ou de reportages télévisés.

Le comité de l'humour invitait des humoristes à l'hôpital. Il choisissait aussi la blague et la réflexion de la semaine, qu'il apposait sur le tableau d'affichage de chacune des toilettes. Il s'occupait du tableau « Fais-moi rire » sur lequel le personnel pouvait afficher des blagues et organisait, pour ceux qui avaient participé, un tirage mensuel de billets de spectacle et de cinéma. Il a même aménagé un salon de l'humour.

Le comité de l'Halloween, en association avec la direction, offrait à toutes les personnes déguisées le petit déjeuner ainsi que des beignes et du café pendant les pauses. Un 5 à 7, au cours duquel on procédait au tirage de cinq journées de congé, était également organisé pour elles. Bien entendu, l'activité était encadrée, car il ne fallait surtout pas trouver une personne déguisée en prêtre à l'urgence, ou une autre déguisée en croque-mort aux soins intensifs…

Dans certains services, les employés n'avaient pas la possibilité de se costumer en raison de la nature très particulière de leurs fonctions. Ils pouvaient cependant obtenir les mêmes avantages que les personnes déguisées en décorant leur environnement de travail.

Au cours de mes conférences, j'ai entendu le témoignage de plusieurs personnes qui, dans d'autres organisations que la mienne, avaient reçu des reproches parce qu'elles avaient décidé d'illuminer la vie de leurs collègues et clients en mettant un peu de magie dans leur environnement. Par exemple, à l'Halloween, une personne à l'accueil d'un établissement de santé où se font des prélèvements sanguins avait reçu l'ordre d'enlever son déguisement de Bobinette ! De son côté, quelques jours après avoir participé à une soirée de reconnaissance pour les retraités, un directeur d'école a été réprimandé par la direction de sa commission scolaire parce qu'il s'était costumé en coccinelle pour remettre un cadeau de départ à un enseignant qui collectionnait les coccinelles.

J'ai bien de la misère à comprendre qu'on s'efforce de museler les gens qui expriment leur dynamisme. Il faut au contraire encourager leurs initiatives, ce qui aurait assurément un effet bénéfique sur l'organisation.

Par exemple, le comité de la Saint-Valentin, fête de l'amour, de l'amitié et de la considération, jouait un rôle important dans l'organisation que j'ai dirigée et dont j'ai parlé précédemment en coordonnant, notamment, un échange de ballons. Il invitait les membres du personnel à s'offrir des ballons en forme de cœur montés sur une tige dans laquelle était introduite une carte confidentielle destinée à un collègue. Les ballons, vendus un dollar chacun, étaient gonflés par toute une équipe la veille de la Saint-Valentin. Je demandais à chaque direction de fournir pendant une heure et demie deux volontaires qui se joignaient aux membres du comité pour réaliser l'opération gonflage de ballons.

Pendant la fête, deux femmes vêtues de longues robes rouges, accompagnées d'un homme en smoking blanc et d'un photographe, allaient remettre les ballons à leurs destinataires. Certains en recevaient 2, 10, 20… Bien évidemment, le moment était immortalisé sur photo. La dernière année de mon mandat, 1 029 ballons ont ainsi été distribués. Imaginez le gaz que cette opération a pu injecter dans l'organisation ! Si tu ne reçois pas de ballon, pose-toi des questions… et ne prends donc pas de chance, à la prochaine Saint-Valentin : envoie-toi au moins un ballon !

Le comité du golf organisait un tournoi regroupant chaque année près de 300 personnes. Le tournoi débutait à 8 h et se terminait vers 18 h. Les commandites et l'autofinancement permettaient de distribuer plusieurs cadeaux de grande valeur à cette occasion. Comment fait-on pour que des centaines de personnes travaillant dans un établissement de santé se réunissent, un jour de semaine, pour participer à un tournoi de golf, tout en maintenant la qualité du service aux usagers ? En fait, c'est assez simple : on consulte, on écoute et on implique tout le monde. On suit les recommandations présentées dans le chapitre 5. Et ça fonctionne !

Dans toutes les organisations, on peut créer des activités de dynamisation. Une de mes amies, directrice dans un ministère gouvernemental, organise pour différents événements dans l'année un concours de décoration pour les «cubicules», qui sont en fait un lieu de travail défini par des paravents. Elle prépare ensuite un tirage à l'intention de tous ceux qui y participent et elle accorde une journée de congé au gagnant. Elle organise ces activités pour Noël, l'Halloween et la Saint-Valentin et elle divulgue les gagnants au cours d'un 5 à 7.

Le comité du party de Noël organisait chaque année une fête thématique d'une ampleur exceptionnelle à laquelle près de 500 personnes participaient activement.

La direction des ressources humaines contribuait également à la vie sociale. Pour annoncer l'arrivée des nouveaux employés, elle affichait des messages près des ascenseurs et des entrées de service, accompagnés de photos quand c'était possible. Elle remettait aux employés, aux dates anniversaires de leur embauche, une épinglette sur laquelle était inscrit le nombre de leurs années de service. Elle soulignait sur l'intranet les anniversaires du jour, ceux des cadres comme ceux du personnel. Enfin, elle signalait les départs à la retraite : durant leur dernier quart de travail, les nouveaux retraités recevaient un gâteau à la cafétéria.

Voici, à titre d'exemple, un calendrier d'activités réparties tout au long de l'année :

• *Groupe des leaders naturels (janvier)* – Activité de reconnaissance, style « 4 à 6 » – Comité de la direction générale.

• *Saint-Valentin (février)* – Fête de l'amour, de l'amitié et de la reconnaissance entre collègues – Comité de la Saint-Valentin.

• *Pâques (avril)* – Distribution de chocolat au personnel dans les services, repas, animation – Comité de la fête de Pâques.

• *Méchoui ou activité de fin d'année (juin)* – Repas suivi d'une danse disco – Club social.

• *Golf (juin)* – Tournoi avec remise de prix, repas suivi d'une danse disco – Comité du golf.

• *Karting (septembre)* – Activité pour les médecins, cadres, membres du conseil d'administration, secrétaires de direction et employés non syndiqués – Comité du karting.

• *Halloween (octobre)* – Journée de déguisement pour un maximum de personnes. Déjeuner à la cafétéria, 5 à 7 et soirée avec tirage de prix. – Comité de l'humour.

• *Semaine sur la santé et la sécurité au travail (novembre)* – Exposition, massages, kiosques et conférences – Comité de la santé et de la sécurité au travail.

• *Défilé du père Noël (décembre)* – Activité pour les malades et le personnel – Comité de l'entretien ménager.

• *Soirée (party) de Noël (décembre)* – Soirée thématique réunissant les membres du personnel accompagnés de leur conjoint. Apéritif, souper, soirée avec tirage d'importants prix de présence. – Comité du party de Noël.

La liste des activités peut évidemment s'allonger selon les désirs exprimés par les employés. Et croyez-moi, d'habitude, ce n'est pas l'imagination qui leur manque ! Quand on donne aux gens la chance de s'exprimer et qu'on est à l'écoute de leurs suggestions, on se rend compte qu'ils ont la volonté de participer à la dynamisation de leur milieu de travail. Voici quelques autres exemples d'activités réalisées dans des organisations où j'ai travaillé. À vous de vous en inspirer…

• *Les 5 à 7.* Organisation par chaque cadre d'un 5 à 7, toutes les 4 à 6 semaines, pour souligner, entre autres, les anniversaires du mois dans son service.

• *Vente ou distribution de manteaux, de coupe-vent ou de casquettes aux couleurs de l'organisation.* Un bon moyen de renforcer le sentiment d'appartenance.

• *Activité d'accueil mensuelle pour tout nouvel employé.* Affichage du nom et de la photo des nouveaux employés aux endroits stratégiques ; visite de l'hôpital et des services ; rencontre avec les directeurs ; etc.

• *Band de l'établissement.* Mise sur pied d'un orchestre qui joue à l'occasion des différentes activités de l'organisation.

• *Club de marche.* Formation d'un groupe de marcheurs qui a le lieu de travail pour point de départ et d'arrivée.

• *Conférences.* Organisation par le comité des ressources humaines de conférences sur des sujets qui touchent le personnel : le bonheur, le stress, la famille, etc.

• *Course en radeau à voile.* Activité d'une journée : Les participants disposent de 100 $ pour construire une embarcation à voile au cours de la matinée. La course a lieu l'après-midi avec deux représentants de chaque direction.

• *Course de brouettes ou de lits*. Activité au profit d'une fondation de votre choix et à laquelle participent des représentants de chaque direction. L'épreuve est suivie d'un party de hot-dogs.

• *Disciples de Bacchus*. Association d'amateurs de vin qui fabriquent le leur dans un local de l'organisation et qui font des dégustations au cours de leurs repas mensuels. Elle organise annuellement une dégustation pour le personnel.

• *Grands prix Hommage*. Activité pilotée tous les deux ans par le comité de la direction générale et au cours de laquelle un hommage est rendu aux personnes qui se sont démarquées par leur savoir-être, leur savoir-faire et leur leadership.

• *Journée de pêche*. Activité pour les membres du personnel et leur famille : concours de la plus grosse prise, animation, soirée disco.

• *Ligue de quilles*. Compétitions régulières ou ponctuelles entre les services et les directions.

• *Ligue de volley-ball*. Compétition entre les services ou les directions.

• *Concours «projets cliniques»*. Concours récompensant les groupes ayant présenté un projet clinique qui répond aux préoccupations ou aux besoins des usagers. Remise d'un, de deux ou de trois prix en argent. Les projets peuvent être de tout ordre, mais ne doivent pas générer de dépenses récurrentes.

• *Concours «projets non cliniques»*. Concours semblable au précédent, mais récompensant des projets non cliniques.

• *Samedi du père Noël*. Fête organisée pour les enfants du personnel : Le père Noël, accompagné de la fée des glaces et de lutins, remet un cadeau à chaque petit, et ce, dans un magnifique décor de Noël. Les cadeaux, d'une valeur maximale de 25 $, sont fournis par les parents.

• *Semaine de l'infirmière*. Repas-conférence coordonné par le comité des infirmières et infirmiers pour ses membres et abordant des sujets d'intérêt.

• *Semaine de la secrétaire*. Activité professionnelle et sociale : La secrétaire de la direction des ressources humaines organise, en collaboration avec ses collègues, une formation sur un sujet d'intérêt commun. Cette formation est suivie d'un repas.

• *Semaine de la passion et des talents*. Exposition des œuvres d'employés dans une salle aménagée en cabaret. Cette salle, où les collègues peuvent parler entre eux des passions qui les animent, est également un lieu où les chanteurs et musiciens membres du personnel ont la possibilité de se produire pendant l'heure du dîner.

• *Séances de yoga, de tai chi, de méditation, de rigolothérapie*. Tous les jours, quelques fois par semaine ou dans certaines circonstances, ces activités ont lieu pendant la pause-repas, la pause-santé ou immédiatement après le travail, voire durant le quart de travail.

• *Valorisation du personnel.* Publication dans le journal local d'articles faisant connaître l'excellent travail accompli par le personnel d'un service. Les articles présentent des données quantitatives et des photos du personnel en action.

Un bon climat organisationnel ne tombe pas du ciel. Pour l'obtenir, il faut investir du temps, de l'argent et de l'énergie. Cet investissement en vaut amplement la peine, considérant les résultats qu'il peut entraîner.

Pour illustrer l'impact positif de la dynamisation, voici un exemple vécu. Lorsque j'étais étudiant, durant mes vacances d'été, j'allais travailler pour des fermiers à Leamington, en Ontario. Mon travail consistait à faire la cueillette de tomates ou à couper des feuilles de tabac, et ce, à un salaire ridicule. Ces tâches étaient épuisantes, car nous devions travailler penchés sous un soleil de plomb environ 10 heures par jour. Tous les fermiers de la région, sauf un, avaient de la difficulté à embaucher des employés et à les garder. Celui-ci était un Italien et tous les jeunes désiraient aller travailler sur sa ferme. Tous les soirs, il offrait à ses 20 employés un souper différent et vite fait comme des spaghettis, des pizzas, des hot-dogs, des hamburgers, etc., et il organisait diverses activités. Cette ferme était un lieu de travail mais aussi de rassemblement où, entre autres, des employés s'improvisaient chansonniers autour d'un feu de camp. Non seulement cet Italien n'avait pas de problèmes de recrutement, mais il avait toujours une liste de candidats désireux de faire des remplacements.

Un autre exemple percutant est celui du maire de la ville de Québec, qui a également utilisé consciemment ou inconsciemment le concept de l'animation et de la dynamisation pour changer radicalement l'image de la ville en deux ans seulement.

CE CONSTITUANT DANS L'ORGANISATION

Pour intégrer ce constituant au sein de l'organisation, je suggère :

✔ D'inciter les cadres à poser des gestes inusités pour illuminer la vie de leurs collègues et de leurs employés.

✔ De demander à chaque cadre d'établir un plan annuel de dynamisation pour son service.

✔ D'attribuer la fonction de responsable de la dynamisation à une personne qui relève directement de la direction générale.

✔ De créer un club social. Il est préférable qu'il ne soit pas présidé par un cadre, mais quelques cadres devraient en faire partie. Ceux-ci transmettront à leurs collègues l'information obtenue au cours des réunions et solliciteront leur collaboration.

✔ De s'assurer que le club social ait les revenus nécessaires pour bien jouer son rôle.

✔ Que le club social ait comme mandat, entre autres, de créer ou de soutenir différents comités.

✔ De libérer le président du club social durant plusieurs heures chaque semaine afin qu'il puisse se consacrer à ses tâches et de faciliter la participation des responsables des différents comités.

✔ D'encourager les initiatives et d'inviter tout le personnel à participer aux activités.

11

Centrons l'organisation sur l'action

Lorsqu'il y a du plaisir, il y a généralement de l'action, même si on ne fait que tourner les pages d'un livre ou appuyer sur les touches d'un ordinateur. Les activités qui nous procurent du plaisir ont la particularité de nous éloigner de nos préoccupations quotidiennes ; elles sont stimulantes.

Dans la majorité des organisations, il y a assurément de l'action. Toutefois, elle se résume souvent à des pratiques et à des comportements redondants. Cela fait en sorte que le mode de fonctionnement se cristallise et qu'il reste peu de place pour la créativité et les initiatives. On avance sur le pilote automatique.

Il nous arrive souvent de refuser les idées que nous proposent les employés parce qu'elles ne sont pas reliées à nos préoccupations. Nous étouffons alors leur créativité, leur imagination et leur esprit d'initiative. Combien de fois ai-je entendu un patron réagir négativement aux propositions de ses employés, même si elles étaient très intéressantes. «Pas si vite, pas si vite! Le personnel n'est pas prêt à ça... Nous devons faire cheminer les employés... Nous n'avons pas d'argent pour ça... Nous allons y réfléchir...» Et que se passe-t-il, finalement? Le supérieur ne donne pas suite.

En passant, faire cheminer le personnel, ce n'est pas lui faire faire de la boucane ni lui faire faire du *parking*! C'est le faire aller de l'avant. Nous devrions être fiers que des employés agissent, même s'ils nous bousculent un peu. Tous ceux qui ont fait avancer une organisation ou la société l'ont fait en bousculant et les choses et les gens.

Dans les organisations, les employés exercent parfois beaucoup de pression sur la direction pour qu'elle accepte une demande ou réalise un projet. Quand la pression monte et que la direction est incapable de mettre ses culottes et de prendre une décision, elle crée un comité. C'est la porte de sortie : on annonce qu'un comité va réfléchir à la question, qu'on va déterminer les tenants et les aboutissants et que, si on a le temps et l'argent, on va accéder à la demande ou réaliser le projet dans deux ans!

Dans certains cas, le comité sert à noyer le poisson. Il a aussi comme effet de déresponsabiliser les dirigeants de certaines décisions, car un comité, c'est tout le monde et personne.

« Qui a décidé cela ?

— C'est le comité. »

Très souvent, on oublie même qui siège au comité ; on se rappelle uniquement le nom du président. Il faut toutefois reconnaître que la mise en place de certains comités est nécessaire au bon fonctionnement de l'organisation. Elle est même parfois obligatoire. Une chose à éviter à tout prix, cependant, c'est la « comitite », c'est-à-dire la gestion par comités.

Dans les organisations qui réussissent et qui se démarquent, non seulement on est attentif aux suggestions des employés, mais on les incite à faire preuve de créativité et d'initiative. On fait preuve d'audace. On réfléchit, certes, mais on agit surtout. À l'inverse, dans certaines organisations, on réfléchit beaucoup, mais on crée peu. À certains endroits, on se croirait même dans un monastère ou un salon funéraire. À d'autres endroits, on fait des planifications stratégiques. Dans un établissement de santé où j'ai travaillé, une personne a eu un jour la brillante idée d'en faire une avec un consultant de grande renommée. Eh bien, croyez-le ou non, une fois cette planification terminée, c'est-à-dire un an plus tard, le contenu et les recommandations étaient déjà dépassés. Donc, avant d'enclencher ce processus, il faut être convaincu de la progression du besoin et de l'évolution du contexte, sinon c'est une perte de temps et d'argent. On ne doit jamais oublier que notre raison d'être dans une organisation est d'obtenir des résultats.

Si vous désirez obtenir d'excellents résultats, cessez de vous concentrer uniquement sur ceux-ci. Les organisations, qui valorisent la notion du profit, du contrôle des dépenses et qui sont « obnubilées » par la notion de la rentabilité et de la performance en utilisant leur personnel pour y arriver, récoltent généralement des résultats décevants. Par contre, celles qui valorisent le bien-être de leurs employés et un bon climat organisationnel dans le but d'atteindre des résultats en adoptant la bonne stratégie, en obtiennent d'excellents régulièrement.

Or, pour ce faire, il faut rigoureusement suivre les **5 étapes** suivantes :

• Fixer des objectifs réalistes et précis, qui doivent être bien connus de la direction générale jusqu'à la base et, surtout, qui ne doivent pas être désincarnés lorsqu'ils arrivent à celle-ci. Vous connaissez le dicton : *quand on ne sait pas où l'on va, on n'arrive nulle part.* Les objectifs doivent être rappelés et même affichés avec des résultats périodiques, commentés verbalement par la direction.

• Établir des échéanciers précis.

• Exercer des contrôles appropriés sur les échéanciers afin que ceux-ci soient respectés.

• Établir un processus de suivi sur les contrôles afin qu'ils soient bien exercés.

• Finalement, désigner des personnes qui sont responsables et imputables des résultats. On a fait une Commission d'enquête au Québec afin de déterminer qui était responsable de l'effondrement du viaduc de la Concorde qui a tué plusieurs personnes. Non seulement on n'a pas trouvé les responsables de l'effondrement, mais on a été incapable de déterminer qui avait été responsable de la construction !

Combien de fois avons-nous vu de beaux projets dormir sur les tablettes ou tourner en catastrophes ? On ne les réalise souvent qu'à moitié, quand on ne les abandonne pas carrément. Les résultats ne doivent pas être tributaires d'un processus aléatoire. Il est toujours dangereux de se brancher sur le pilote automatique en pensant que tout va bien. On a intérêt à constamment se poser des questions quant à la pertinence des actions qu'on entreprend. Ce n'est pas utile d'amorcer un processus si on ne peut pas l'achever. On ne réussit alors qu'à démotiver les gens. Pour atteindre un objectif, il faut parfois user de stratégie, surtout lorsque celui-ci entraîne des changements importants, ce qui angoisse les gens.

À cet effet, la stratégie du pied dans la porte m'a toujours été bien utile. Elle consiste à informer les personnes qui sont touchées que nous allons faire une période d'essai d'un trimestre, donc quatre mois, et qu'après nous validerons la pertinence de cette orientation. Elle évite ainsi une radicalisation des comportements et elle favorise un cheminement permettant d'évaluer plus sereinement le changement. De plus, la majorité des personnes ne sont pas réfractaires à la notion de période d'essai, car elle démontre une ouverture d'esprit et elle laisse place à la notion d'ajustement, ce qui apaise les inquiétudes. Cette stratégie du pied dans la porte peut également être utilisée dans notre vie personnelle lorsqu'on désire apporter un changement sans créer de gros rebondissements !

On doit aussi mettre en place un système d'évaluation qui permet de vérifier la qualité et la quantité des biens produits ou des services donnés sur une période de temps déterminée, laquelle doit être significative. Pour stimuler les gens plutôt que les décourager, on devrait mettre l'accent sur ce qui a été fait plutôt que sur ce qui ne l'a pas été.

Pour évaluer notre performance et les résultats obtenus, nous devons d'abord déterminer, en nous basant sur nos précédentes réalisations, des indicateurs de succès. Il est important de se rappeler que les objectifs doivent être humainement atteignables, toujours réalisables au cours d'une période normale de travail et facilement mesurables. Cela implique l'implantation d'unités de mesure précises. Afin de donner un sentiment de fierté au personnel, on devrait régulièrement afficher publiquement les résultats obtenus. On peut, par exemple, souligner le taux de présence au travail, la réduction du nombre d'accidents, l'augmentation des ventes, la diminution des dépenses, etc. Ainsi, les bons deviendront meilleurs, et les derniers tenteront de s'améliorer. On obtiendra rapidement des équipes performantes.

On ne doit pas hésiter, encore une fois, à consulter, à écouter et à impliquer le personnel tout au long du processus. Si les employés ont le sentiment de participer à une mission et à l'atteinte d'objectifs plutôt que d'exécuter des tâches, ils feront preuve de créativité, et l'organisation sera la première à en profiter. Cela signifie qu'il faut convaincre le personnel qu'il exécute un travail utile, c'est-à-dire qu'il contribue à changer le monde ou à fournir un bien ou un service qui améliore et même sauve la vie des gens. Si le travail effectué a un sens, il sera valorisé. Voici un exemple : vous n'êtes pas sur une chaîne de montage automobile pour poser des roues ; vous installez des roues qui permettent à un véhicule de se déplacer en toute sécurité, lequel véhicule sera peut-être acheté par un parent, un ami, etc. La vision vient de changer et c'est ce qu'il faut transmettre.

Voici une démarche qui m'a permis de centrer l'organisation sur l'action et d'obtenir d'excellents résultats. J'avais demandé à tous les cadres de ne jamais prendre de rendez-vous les lundi matin pour entre autres choses qu'ils aient le temps d'établir leur plan d'action de la semaine en cours. Celui-ci consistait simplement à produire sur une feuille la liste de leurs priorités, laquelle pouvait être demandée par le directeur général ou leur supérieur s'il voulait connaître les actions privilégiées. Cette orientation permettait également à tous les cadres de réfléchir à la nature de leurs priorités pour la semaine car dans un agenda on ne peut tout noter. De plus, cette façon de procéder permettait aux cadres de travailler sur leurs dossiers et me donnait la possibilité de facilement les contacter si nécessaire.

Tous les 15 jours, je rencontrais chacun des cadres du comité de direction durant une heure afin de passer en revue les dossiers dont ils étaient responsables. Cela me permettait de suivre chaque avancée et de réviser les échéanciers avec eux. Le tableau de bord opérationnel à la fin de ce chapitre permet au directeur et aux cadres d'avoir une vue d'ensemble de tous les dossiers importants dans la direction.*

À l'égard de ce constituant, notez que, dans toute décision qui génère des actions ayant un impact sur des personnes, il est impératif de se poser la question suivante : Quelle est la meilleure stratégie à adopter pour l'actualiser ? Cette question crée un moment de réflexion qui nous oblige à définir notre savoir-être pour obtenir le meilleur résultat.

De plus, pour atteindre vos objectifs dans tous vos projets (négociation, achat, vente, etc.), je vous suggère fortement de prévoir un plan A et un plan B. Le plan A correspond à ce que vous désirez, et le plan B est une police d'assurance pour éviter l'échec et vous permettre de réaliser votre projet si le plan A ne fonctionne pas. Ainsi, comme on le dit, vous ne serez pas pris les culottes baissées...

Par ailleurs, depuis plusieurs années, j'ai pris l'habitude de toujours traîner sur moi un petit calepin où je consigne régulièrement des informations de toutes sortes, ce que je ne pourrais jamais faire dans mon agenda. Cela me permet de ne rien oublier ou de m'inspirer de réflexions ou de commentaires qui m'ont frappé. J'ai ainsi pris des notes qui m'ont énormément

---

* Il est important de noter que tous les objectifs reliés à un dossier doivent contenir les 4 Q pour que ceux-ci soient valables, soit : **Q**uoi faire, **Q**uand le faire, **Q**uel résultat on doit obtenir et **Q**ui est responsable de quoi.

aidé dans ma vie personnelle et professionnelle. La mémoire est une faculté qui oublie ! J'ai adopté cette stratégie du milliardaire Richard Branson, le propriétaire du groupe Virgin.

Finalement, pour atteindre rapidement des résultats, vous avez intérêt à utiliser les « connecteurs ». Ce sont des personnes, des associations ou des organisations qui peuvent, par leurs activités ou leurs réseaux, vous mettre rapidement en contact avec des clients ou des fournisseurs potentiels. Par exemple, lorsque j'ai commencé à faire des conférences, la Fondation de l'entrepreneurship, qui est une organisation très dynamique rejoignant des milliers d'entrepreneurs, m'a donné le coup de pouce nécessaire pour que je fasse des présentations au Théâtre Capitole à Québec, au Casino de Montréal et à celui de Hull. Ces présentations ont immédiatement généré d'autres demandes pour une multitude de colloques et de congrès, qui elles en ont produit à leur tour pour des entreprises de toutes sortes. Les connecteurs vous font gagner du temps et épargner beaucoup d'argent.

DIRECTION DES RESSOURCES HUMAINES
Sommaire des dossiers en cours et réalisés pour l'année 2008
Dernière mise à jour : 1er mars 2008

DOSSIERS DESCRIPTION	DÉBUT DU MANDAT	ÉCHÉANCE PRÉVUE	RESPONSABLES						
			J.B.	C.L.	J.T.	H.B.	P.F.	S.L.	L.R.
Rencontre avec tous les cadres du C.H. (sujet: canal de communication à privilégier lorsqu'il y a des réclamations ou des représentations par les représentants syndicaux)	15-01-2008	28-02-2008	R						R
Formation des nouveaux cadres	15-02-2008	30-05-2008	A					A	
Arbitrage, projet Scénario 3C	15-01-2008 31-03-2008	01-02-2008	A	R					
Déménagement des paie-maîtres à St-Charles (dossiers, bureau, personnel)	03-02-2008	28-02-2008 25-03-2008			R				
Déménagement du service de santé (dossiers, bureau, personnel)	03-02-2008	28-02-2008					R		
Déménagement de la liste de rappel et de la dotation (dossiers, bureau, personnel)	03-02-2008	28-02-2008				R			
Analyse des problèmes de relations interpersonnelles et des horaires de travail à la pharmacie de N.D.L.	03-02-2008	07-02-2008 01-04-2008		R		A			
Recrutement des effectifs pour les soins et les services d'hôtellerie pour la période estivale	03-02-2008	30-05-2008		A		R			

Dossier avec trame grise : terminé

R : Responsable
A : Assisté de

J.B. Jean Blouin (directeur)
C.L. Claude Lavoie (chef ressources humaines)
J.T. Josée Tremblay (chef rémunération)
H.B. Hélène Blanchet (chef dotation)
P.F. Pedro Fuentes (chef logistique)
S.L. Serge Lavergne (chef relations de travail)
L.R. Louise Roberge (chef formation)

CE CONSTITUANT
DANS L'ORGANISATION

Pour intégrer ce constituant au sein de l'organisation, je suggère :

✔ De ne jamais oublier de préciser les **4 Q** pour déterminer un objectif valable, c'est-à-dire : **Q**uoi faire, **Q**uand le faire, **Q**uel résultat on doit obtenir et **Q**ui est responsable de quoi.

✔ De bien faire connaître au personnel de l'organisation les objectifs, les résultats obtenus et d'afficher ceux-ci à des endroits stratégiques.

✔ De nommer une personne qui est responsable et imputable dans tout projet.

✔ D'encourager les initiatives.

✔ De créer un concours appelant le personnel à proposer des projets innovateurs dans différents domaines. Les prix à gagner doivent être intéressants. Ils seront remis soit à des individus soit à des groupes, ou dédiés à la réalisation de projets.

✔ De demander à certaines personnes de représenter l'organisation à l'intérieur ou à l'extérieur de ses murs, dans certaines circonstances.

✔ De reconnaître les actions qui ont fait progresser l'organisation, la direction ou le service ; ce sont souvent de petites actions qui propulsent les organisations.

- ✔ De bien considérer chaque demande avant d'y opposer un refus.

- ✔ De démontrer aux employés l'utilité et l'importance du travail qu'ils effectuent afin de donner un sens à celui-ci et de valoriser les employés.

- ✔ D'élaborer un plan A et un plan B dans tout projet et de déterminer quelle est la meilleure stratégie pour le réaliser.

- ✔ De demander à tous les cadres d'établir chaque semaine leurs priorités.

- ✔ D'utiliser les connecteurs.

Accompagnons, soutenons, encourageons

Dans le plaisir au quotidien, nous offrons et nous recevons presque toujours de l'accompagnement, du soutien et de l'encouragement. Dans les organisations, par contre, nous en obtenons généralement très peu. Tout d'abord, nos charges de travail sont très lourdes, et les attentes, élevées. Nous sommes pressés et nous vivons pour obtenir des résultats instantanés.

De plus, certains cadres soutiennent que l'organisation est un milieu de travail et non pas une école. Tous les employés sont censés être des adultes, alors on ne commencera pas à les accompagner, à les soutenir et à les encourager. Erreur ! Lorsqu'on fait figure d'autorité dans une organisation ou qu'on est responsable d'une équipe, on a deux grandes responsabilités. On doit faire en sorte, premièrement, que celle-ci soit la plus performante et la plus dynamique possible et, deuxièmement, que les personnes qui relèvent de nous puissent réussir leur carrière et leur vie personnelle. Donc, le milieu de travail doit être un endroit où elles peuvent s'épanouir et développer leurs talents.

ACCOMPAGNONS

Accompagner ne signifie pas marcher à côté. Lorsque nous accompagnons, nous aidons, nous sommes présents et attentifs, nous exécutons les gestes appropriés. Nous admettons que l'autre n'est pas comme nous, c'est-à-dire qu'il réfléchit et agit différemment, mais qu'il peut avoir besoin de nous.

Accompagner signifie aussi accepter et tolérer l'erreur en faisant preuve de patience si on désire que les personnes développent leur créativité et ne cessent d'en faire preuve. Les personnes qui ne connaissent pas l'échec n'ont pas la chance de réussir. L'erreur n'est pas toujours un échec, et l'échec n'est pas toujours une défaite. Vous savez combien d'ampoules Edison a fabriquées avant de produire la bonne ampoule ? 2 223, donc 2 222 échecs. Combien Graham Bell a testé de téléphones avant de créer le bon appareil ? 124, donc 123 échecs. Combien de fois j'ai été obligé de faire l'amour pour concevoir deux enfants ? Deux fois !

Les managers ont souvent peur de l'erreur, ce qui tue leur créativité. Accepter l'erreur ne signifie pas pour autant la banaliser ni l'instituer comme mode de fonctionnement. L'erreur est humaine, c'est la répétition de l'erreur qui cause des problèmes lorsqu'on sait ce qui doit être fait.

De plus, il faut bien faire la différence entre accompagner une personne et la « coacher ». Le coaching implique qu'on use d'autorité, alors que l'accompagnement consiste à soutenir l'individu. À cet effet, je suis toujours étonné de constater que des personnes n'ayant pas 30 ans se disent coachs de vie !

SOUTENONS

Soutenir consiste à écouter, à conseiller, à former adéquatement et, le cas échéant, à libérer. Force est de constater qu'un grand nombre d'organisations se soucient très peu de ce que vivent leurs employés, de leurs ambitions et de leurs contraintes. Elles ne leur offrent donc pas le soutien dont ils ont besoin et, de ce fait, déshumanisent inconsciemment leur milieu de travail.

On considère souvent les êtres humains comme des machines, comme de l'équipement. On s'occupe d'eux seulement quand ils fonctionnent mal, ou plutôt, en fait, quand la machine brise ! Pour montrer aux employés que leur bien-être nous préoccupe, nous pouvons les inviter à prendre la parole au cours de réunions. Nous devrons alors, évidemment, prendre en considération les suggestions qu'ils feront.

Dans une multitude d'organisations, on remarque que les nouveaux employés ne sont pas suffisamment formés. Même si ceux-ci ont déjà un bon bagage de connaissances, il faut leur offrir une période de formation significative.

Trop souvent, on s'attend à ce que le nouvel employé, après seulement quelques jours de formation, soit aussi compétent que celui qui a plusieurs années d'expérience. On lui fait alors subir du stress ; il croit qu'il n'apprend pas assez vite, puis il démissionne. Dans d'autres cas, le nouvel employé prétend tout maîtriser alors qu'il diminue l'efficacité de son équipe.

Pour éviter d'avoir à reprendre tout le processus de recrutement, il est préférable d'offrir une formation appropriée aux nouveaux employés. Habituellement, dans les organisations syndiquées, il est facile d'obtenir la prolongation d'une période de formation ou d'initiation à la fonction.

Une stratégie très efficace concernant la formation des nouveaux employés et l'initiation à certaines tâches est la suivante :

Je fais, je commente, et il observe (l'employé prend des notes au besoin).

Il fait, je commente et j'observe.

Il fait, il commente, et j'observe.

Pour avoir testé cette façon de faire, je peux vous confirmer que c'est la plus efficace, car elle fait appel, outre la parole, à trois sens, soit le toucher, la vue et l'ouïe. Parfois, elle fait même appel à l'odorat... Cette stratégie permet de former ou d'initier du personnel de deux à quatre fois plus rapidement. C'est d'ailleurs pour cette raison qu'elle est utilisée par l'armée américaine depuis plusieurs années.

Soutenir signifie également libérer, à l'occasion. On a tellement peur d'une baisse de productivité qu'on pose des gestes qui ont des effets négatifs. Par exemple, on demande à une personne de donner une formation à des collègues, ce qui pourrait être gratifiant, mais on ne la libère pas de ses tâches habituelles. On permet à un employé d'organiser un party de Noël, mais on lui demande de tenir ses réunions pendant l'heure du dîner ou après le travail.

Si on donne une permission ou un mandat spécial à un employé, mais qu'on ne lui apporte pas le soutien nécessaire pour lui permettre de réaliser ses objectifs, on risque de le frustrer plutôt que de le motiver. Ce qui aurait pu être un signe de reconnaissance deviendra un irritant. Il est important d'être à l'écoute des besoins de son personnel et de s'efforcer de les combler. Je vous rappelle que de nos jours le premier critère pour choisir et conserver un emploi n'est souvent plus le salaire mais le climat de travail.

ENCOURAGEONS

Encourager, c'est verbaliser, avant ou pendant l'action, son appréciation à l'égard de gestes qui sont ou seront sous peu posés dans le but d'atteindre un objectif. L'encouragement insuffle de l'énergie et cristallise la pertinence de l'action.

Encourager, c'est également mettre en pratique le principe de Pygmalion, qui consiste à se concentrer sur ce qui va bien pour faire en sorte que ça aille encore mieux. Cette méthode est simple et a permis de démontrer que des « nuls » peuvent devenir des *kings*. Voici un exemple classique.

Vous avez à votre service une secrétaire qui, chaque fois qu'elle tape une lettre, fait des fautes de français ou adopte une mise en page incorrecte. Un jour, elle produit une lettre parfaite. Deux réactions sont possibles. La première, vous pensez : « Ce n'est pas trop tôt. » La deuxième, vous allez la voir et vous lui dites : « Brigitte, je vous félicite pour la qualité de votre lettre. Elle est sans faute, bien centrée, et elle correspond à l'image que nous désirons projeter de l'organisation. Et cette image, c'est autant la vôtre que la mienne. Je vous remercie. »

Cette dernière réaction incitera fort probablement votre secrétaire à prêter une attention toute particulière à la prochaine lettre. Si vous lui faites la même remarque chaque fois qu'elle atteint le résultat attendu, vous constaterez rapidement une sérieuse amélioration dans son travail.

J'ai testé cette façon de faire à plusieurs reprises, dans différents contextes. Je peux vous confirmer que les résultats sont toujours étonnants. Une fois que le niveau de compétence est atteint, il s'agit de continuer à encourager, mais un peu moins assidûment. Il ne faut surtout pas oublier que la reconnaissance est le carburant de la performance. Il est important de minimiser les erreurs, d'exprimer régulièrement sa satisfaction et de souligner les coups d'éclat.

J'ai constaté que le regard positif qu'on porte sur quelqu'un peut l'aider à obtenir de meilleurs résultats. Le talent existe souvent dans le regard de l'entraîneur. On ne se rend pas toujours compte de la puissance des mots et du senti. Persuadez une personne qu'elle est la meilleure, et elle le deviendra. Les mots ont un pouvoir incroyable. Ils peuvent modeler notre destinée et celle des gens qui nous entourent. Ils nous affermissent dans nos croyances, qui, elles-mêmes, déterminent ce que nous accomplissons dans la vie.

Ma mère m'a permis de comprendre cette réalité. Elle me disait régulièrement: « T'es capable, Jean-Luc. Tu vas y arriver, ne lâche pas... », et ce, même si j'étais le dernier. On ne peut accomplir de grandes choses si on entend constamment des propos négatifs. Sentir que les gens croient en nous, cela nous donne une force incroyable.

CE CONSTITUANT DANS L'ORGANISATION

Pour intégrer ce constituant au sein de l'organisation, je suggère :

- ✔ De donner aux employés la chance de s'exprimer et de prendre leurs opinions en considération.

- ✔ De créer un programme d'aide aux employés (PAE).

- ✔ De ne pas laisser les situations conflictuelles se détériorer.

- ✔ D'offrir au personnel un équipement efficace et sécuritaire qui lui permet de bien travailler.

- ✔ D'être réceptif aux demandes de formation particulière.

- ✔ D'accorder des périodes de temps appropriées pour l'initiation à de nouvelles tâches ou à de nouvelles fonctions.

- ✔ D'inciter les cadres à être attentifs aux besoins personnels et professionnels de leurs employés.

- ✔ De faire en sorte que les améliorations et les succès soient fréquemment soulignés par les cadres.

- ✔ D'encourager le personnel à visiter d'autres organisations pour acquérir de nouvelles connaissances et améliorer le fonctionnement de certains services.

✔ De favoriser le partage de connaissances entre collègues.

✔ De libérer, occasionnellement, certains employés de leurs tâches pour leur permettre de suivre des cours durant les heures de travail.

✔ De favoriser la participation des employés à des colloques et à des congrès.

✔ D'offrir, si possible, des horaires de travail variables.

✔ De payer une partie des dépenses de formation et de perfectionnement.

✔ De payer une partie des dépenses reliées à la pratique d'une activité physique.

✔ De financer certaines études, à la condition que l'employé signe un contrat d'embauche pour quelques années.

✔ D'offrir un service de garde en milieu de travail.

✔ De prendre en considération toutes les demandes visant à accompagner, à soutenir et à encourager le personnel dans l'exercice de ses fonctions.

Implanter la philosophie de la PPLP

Deux stratégies différentes peuvent être utilisées pour implanter la philosophie de la Performance par le plaisir (PPLP) dans une organisation : on peut agir de concert avec l'ensemble de l'organisation ou tout simplement agir seul et mettre cette philosophie en pratique.

AGIR DE CONCERT AVEC L'ENSEMBLE DE L'ORGANISATION

Si vous désirez implanter la PPLP dans l'ensemble de l'organisation, vous devez d'abord amorcer une réflexion avec plusieurs cadres de la haute direction. Ensuite, vous devez partager l'information avec les autres cadres et quelques leaders naturels de différents secteurs de l'organisation. S'il y a des syndicats, il est préférable de les inviter dès le début à prendre part aux discussions ; ils peuvent être de bons alliés puisqu'ils sont habituellement très réceptifs aux projets novateurs visant à améliorer la qualité de vie de leurs membres.

Toutefois, cette démarche ne doit pas s'éterniser. Elle vise uniquement à connaître le point de vue de ces personnes sur le contenu de la philosophie. Au cours de vos discussions avec les différents groupes, il est important de vous rappeler que la philosophie de la PPLP est un concept global et que tous les constituants font partie d'un tout.

Si la réception est positive – et il n'y a pas de raison pour qu'elle ne le soit pas –, vous pouvez commencer à implanter la philosophie en éliminant les irritants (chapitre 4), en vous montrant présent et reconnaissant (chapitre 7), puis en dynamisant et en animant l'organisation (chapitre 10).

Les employés commenceront déjà à sentir que l'ambiance est plus agréable, que la direction est plus attentive à leurs besoins, que les cadres reconnaissent davantage leur travail et qu'on illumine de plus en plus leur environnement. Vous aurez alors suivi une bonne partie des recommandations données dans le chapitre 5, puisque vous aurez consulté et écouté vos employés. Il ne vous restera plus qu'à mettre l'accent sur l'implication.

Après un certain temps, vous pourrez entreprendre la démarche visant à favoriser l'adoption de bonnes attitudes (chapitre 3), puis celle visant à la cristallisation des valeurs (chapitre 2). Remarquez que vous pouvez inverser ces deux constituants au cours de la phase d'implantation. Il est toutefois préférable d'attendre quelque temps avant de demander aux employés de signer l'engagement à l'égard du savoir-être attendu décrit au chapitre 3. Ils seront plus disposés à le signer s'ils ont d'abord discuté des valeurs à implanter dans l'organisation et les ont acceptées. À ce stade, le partage d'un rêve commun (chapitre 1) s'inscrit dans une logique. Il est plus facile de rêver à des choses positives lorsque ça va bien.

En parallèle, vous vous efforcerez de répondre aux demandes de vos employés et de résoudre les problèmes dont ils vous feront part (chapitre 6). Vous favoriserez la communication et déterminerez une façon efficace de transmettre l'information (chapitre 8).

À cette étape, vous aurez probablement réussi à motiver vos troupes, et vous choisirez vos nouveaux employés en fonction de leur savoir-être et de leur savoir-faire (chapitre 9). Vous aurez aussi probablement stimulé la créativité de vos membres et vous ferez tout en votre pouvoir pour encourager les initiatives et accepter les idées qu'on vous soumettra (chapitre 11). Vous apporterez du soutien à votre personnel tout au long du processus et lui donnerez beaucoup d'encouragement (chapitre 12).

Pour réussir cette démarche, il est nécessaire de créer un comité de vigie qui veillera à ce que les principes de la philosophie de la PPLP soient mis en pratique de manière permanente, qui évaluera la portée de la philosophie et qui l'améliorera.

Je recommande fortement que les personnes suivantes siègent à ce comité : le directeur général ou l'autorité supérieure de l'organisation, le directeur des ressources humaines, le cadre qui dirige le service comptant le plus d'employés et le responsable de la dynamisation. À ceux-ci devraient s'ajouter quelques leaders naturels, notamment le président du club social (qui ne devrait pas être un cadre) et des représentants syndicaux, s'il y en a au sein de l'organisation. Le comité devrait être constitué de sept ou huit personnes se rencontrant trois ou quatre fois par année.

Avant d'entreprendre la démarche, il est primordial que vous soyez fermement convaincu de l'importance d'implanter cette philosophie, sans quoi vous ne serez pas persuasif. Si quelques personnes manifestent de la résistance, sollicitez leur collaboration pour une période d'essai de six mois ; elles remarqueront rapidement les effets positifs de la philosophie et, une fois ce délai passé, n'hésiteront plus à vous donner leur appui.

AGIR SEUL ET METTRE LA PHILOSOPHIE DE LA PPLP EN PRATIQUE

La deuxième stratégie consiste à implanter la philosophie de la PPLP sans en parler. Ce peut être un bon choix si vous anticipez des réactions très négatives. Il ne vaut pas la peine d'entreprendre un débat philosophique ou idéologique sur l'implantation d'une philosophie basée sur le plaisir si on sait que les modèles mentaux et les paradigmes organisationnels sont trop ancrés pour qu'on puisse les changer rapidement.

Ce qui est important, c'est de mettre en pratique les principes de la PPLP. On peut toujours changer son environnement immédiat et provoquer un phénomène de « contamination positive ». Il faut croire profondément que les gens heureux produisent plus et mieux, et s'affairer à le démontrer. Osez, et vous vous démarquerez !

Conclusion

Tel que je l'ai dit en introduction, j'ai développé et expérimenté la philosophie de la Performance par le plaisir (PPLP) dans des établissements de santé. Dans ce type d'organisations, les contraintes sont immensément grandes, probablement plus que partout ailleurs.

Tout d'abord, qu'on soit directeur général, cadre ou membre du personnel, on n'a aucun pouvoir quant au nombre d'usagers qui entrent au service des urgences ou au service de consultation externe. On n'a pas d'emprise non plus sur la quantité et la nature des actes médicaux posés par les médecins. On ne peut pas entre autres choses décider pour eux de la durée du séjour à l'hôpital des usagers. Les médecins sont pour la plupart des professionnels autonomes qui ne sont pas rémunérés par l'hôpital, mais qui travaillent avec son personnel et son équipement. En outre, on n'a aucun contrôle sur le choix, la quantité et le prix des médicaments que prescrivent les médecins, même si certains de ceux-ci peuvent coûter plusieurs milliers de dollars.

On doit composer avec des conventions collectives conclues et signées par le gouvernement, incluant notamment des clauses de sécurité d'emploi. Finalement, on n'a aucune emprise sur l'enveloppe budgétaire qui est allouée à l'établissement qu'on dirige par le ministère de la Santé et des Services sociaux (MSSS), mais on est responsable des résultats! Le directeur général et les membres du conseil d'administration doivent en effet s'engager, par résolution, à ce que le centre de santé ne soit pas en déficit à la fin de l'année financière.

Malgré toutes ces contraintes, dans les établissements où j'ai œuvré, nous avons toujours réussi à atteindre nos objectifs. La mise en pratique des principes de la philosophie de la PPLP nous a régulièrement permis d'obtenir les résultats escomptés. C'est sans doute pour cette raison qu'un grand nombre d'organisations s'intéresse actuellement à cette philosophie. La philosophie de la PPLP n'est bien sûr pas le remède à tous les maux, mais elle peut permettre d'en soigner un grand nombre.

Au Québec et dans une multitude d'endroits sur la planète, la culture managériale est un mélange des cultures anglo-saxonne et judéo-chrétienne. Dans nos organisations, nous avons mis le couvercle sur la marmite du plaisir. Le rêve que je partage avec des milliers de personnes au cours de mes conférences est que nous soulevions ce couvercle pour laisser émerger une nouvelle façon de se comporter et de gérer les organisations. Celles-ci doivent devenir des lieux où l'être humain est mis au premier plan et où le plaisir est omniprésent.

Je suis conscient que nous nous sommes tous donné une image dans notre environnement de travail et que celle-ci s'est cristallisée avec les années. Nous pouvons cependant facilement amorcer un virage en posant de petits gestes tout simples : dire bonjour, sourire, organiser un 5 à 7 pour souligner un événement, oser faire de l'humour à l'occasion, faire preuve d'empathie et de sensibilité avec nos collègues et notre personnel. En d'autres mots, nous pouvons mettre un peu plus de folie, de joie et de bonheur dans nos organisations.

Nous n'avons pas à nous prendre au sérieux pour être sérieux, et ce n'est pas parce que nous faisons de l'humour que nous n'avons pas de rigueur intellectuelle, bien au contraire. Avoir le sens de l'humour, c'est avoir une meilleure perspective de la situation et présenter une image humaine de soi-même. D'ailleurs, la revue *Harvard Business Review* a révélé que, selon une récente étude américaine, on peut monter deux fois plus vite les échelons de la hiérarchie d'une organisation et, de ce fait, toucher une meilleure rémunération si on a un bon sens de l'humour. Pourquoi ? Parce que les gens aiment travailler avec du monde le fun. Une bonne équipe, c'est d'abord un groupe de personnes qui ont du fun dans ce qu'elles font.

Les Québécois sont génétiquement prédisposés à avoir du fun ! Il suffit d'avoir un peu voyagé dans le monde pour réaliser que partout où ils se trouvent, il y a du fun !* De plus, en raison de notre situation géographique et de notre histoire, nous unissons dans notre culture deux mentalités très importantes, soit l'américaine et l'européenne. Nous pourrions donc avoir le privilège d'influencer le monde en ce qui a trait à la manière de travailler.

Visons à ce que le Québec devienne une référence mondiale grâce à un mode de gestion inédit et distinctif, au même titre que le Japon l'a été en ce qui concerne la qualité totale, la Suède, pour ce qui est de la promotion de l'exercice physique sur les lieux de travail, et la France, en ce qui a trait à l'amélioration des conditions sociales du travail.

Vous êtes d'accord avec la philosophie de la PPLP ? Vous avez des réserves, ou mieux, vous avez des suggestions pour améliorer le fonctionnement d'une organisation ? N'hésitez pas à me communiquer vos réflexions. Mon adresse de courrier électronique est donnée dans mon site : www.jeanluctremblay.com.

---

* À cet effet, notons que le Québec compte le plus grand nombre d'humoristes par habitant au monde.

La quintessence du livre

Je crois sincèrement que tous les constituants de cette philosophie sont importants pour propulser votre carrière et votre organisation à des sommets inégalés.

À la fin de mes conférences, une question m'est régulièrement posée : Si vous aviez à résumer dans un paragraphe ce que nous devons obligatoirement retenir pour y arriver, que diriez-vous ?

Je réponds ceci :

Si vous êtes patron :

Consultez, écoutez et impliquez régulièrement vos employés. Démontrez-leur souvent l'utilité du travail effectué pour les motiver et donner un sens à leur travail. Soyez le plus souvent présent et reconnaissant envers vos employés.

Si vous êtes un employé :

Occupez un poste qui vous rend régulièrement heureux. Soyez l'ambassadeur de votre organisation et faites en sorte que votre patron ait l'air intelligent. Soyez performant, créatif et proposez des solutions.

Pour tous les patrons et les employés :

Tous les jours, entrez positivement en scène en adoptant les attitudes et les comportements appropriés. Faites-vous aimer, créez du fun autour de vous, ayez une grande rigueur intellectuelle dans tout ce que vous faites et finalement, soyez déterminé en étant persévérant.

Pour en finir avec un modèle dépassé

Voici, en vrac, quelques pistes et conseils pour vous aider à poursuivre votre réflexion à propos de la Performance par le plaisir.

- Si vous êtes incapable de faire de l'humour, de sourire et de faire rire, vous ne réussirez pas, et ce, même si vous possédez 20 diplômes.

- Si vous conservez une grande distance entre vous et ceux qui vous entourent, vous ne pourrez pas compter sur ces derniers quand vous en aurez besoin, car ils conserveront une grande distance entre eux et vous.

- Si vous développez une relation d'amitié étroite entre des personnes de niveaux hiérarchiques différents dans la même unité, cela produira des situations compliquées et votre objectivité sera questionnée. Adoptez plutôt des comportements amicaux.

- Si vous occupez une fonction de supervision, ne désavouez et n'humiliez jamais publiquement une personne, car tôt ou tard vous le regretterez amèrement.

- Comment les employés se sentent-ils traités ? Voilà une des questions très pertinentes qu'il faudrait leur poser dans un sondage annuel. Les réponses peuvent nous aider à déterminer la rémunération des cadres dans certaines organisations.

- Le personnel est-il avec vous ou contre vous ? Si vous êtes incapable de répondre à cette question, vous avez déjà un sérieux problème !

- Quand vous êtes en position d'autorité, vous devriez être perçu comme une référence, un phare. Est-ce que vous projetez la bonne lumière ?

- 90 % des contenus universitaires en administration et en management portent sur le savoir-faire alors qu'il a été démontré que la réussite à moyen et à long terme dans une société ou dans une organisation dépend à 85 % du savoir-être !

- Vous vous demandez comment être un meilleur employeur ? Questionnez vos employés. Dès cet instant, vous aurez commencé à l'être !

- Dans une organisation, on doit se préoccuper des personnes avant tout. À qui vont vos premières pensées quand vous arrivez au travail ?

- Si vous désirez assumer plus de responsabilités et même obtenir de l'avancement, faites en sorte que votre patron ait l'air intelligent.

- Qu'est-ce que vous seriez prêt à donner pour récupérer votre poste si vous le perdiez ? Et combien certaines personnes accepteraient-elles de payer pour obtenir votre poste ?

- N'exercez une fonction que si elle vous rend heureux. La vie est courte, et le temps est l'une des rares choses qu'on ne peut récupérer.

- Le succès n'est pas relatif à ce qu'on fait ou à ce qu'on a ; il correspond plutôt à un état d'esprit.

- Au lieu de penser qu'il faut en faire plus, pensez qu'il faut faire autrement.

- Quels gestes posez-vous régulièrement pour améliorer le climat dans votre équipe ou dans votre organisation ? Le bonheur ne doit pas obligatoirement venir de votre supérieur.

- Un vrai cadre ne sert pas de lien entre les employés et la direction. Il fait partie de la direction.

- Être apprécié est plus important qu'être performant.

- Vous ne devez en aucun cas sacrifier votre santé physique et émotionnelle pour une organisation.

DONNER PLUS QUE SON 100 % ?

Vous êtes-vous déjà demandé ce que ça voulait dire, se donner à 100 % ? Et comment font ceux qui se vantent de se donner à plus de 100 % ?

Ce petit test vous donnera de quoi réfléchir.

Considérant que chacune des lettres vaut...

A	B	C	D	E	F	G	H	I	J	K	L	M	N	O	P	Q	R	S	T	U	V	W	X	Y	Z
1	2	3	4	5	6	7	8	9	10	11	12	13	14	15	16	17	18	19	20	21	22	23	24	25	26

alors...

T	R	A	V	A	I	L
20	18	1	22	1	9	12

= 83 %

E	N	G	A	G	E	M	E	N	T
5	14	7	1	7	5	13	5	14	20

= 91 %

C	O	M	P	É	T	E	N	C	E
3	15	13	16	5	20	5	14	3	5

= 99 %

On s'approche du résultat, n'est-ce pas ?

Alors…

A	T	T	I	T	U	D	E
1	20	20	9	20	21	4	5

= 100 %

Wow ! Impressionnant, non ?

Continuons…

V	A	N	T	A	R	D	I	S	E
22	1	14	20	1	18	4	9	19	5

= 113 %

On vient de péter le 100 % !

Voyons jusqu'où tout cela peut nous mener…

T	E	T	E	R	L	E	B	O	S	S
20	5	20	5	18	12	5	2	15	19	19

= 140 %

La prochaine fois que quelqu'un vous dira qu'il donne plus que son 100 %, vous saurez comment il s'y prend !

Références suggérées

Il est conseillé d'utiliser les références suivantes dans l'ordre où elles sont présentées afin d'amener les personnes à changer leurs attitudes et leurs comportements.

LIVRES

JOHNSON, Spencer. *Qui a piqué mon fromage?*, Éditions Michel Lafon, 2002, 105 p.

LUNDIN, Stephen C., Harry PAUL, et John CHRISTENSEN. *Fish*, s.l., Éditions Michel Lafon, 2001, 109 p.

HEWARD, Lyn. *Cirque du Soleil : réveiller la créativité*, Montréal, Éditions Logiques, 2006, 165 p.

PEACOCK, Fletcher. *Arrosez les fleurs, pas les mauvaises herbes!*, Montréal, Les Éditions de l'Homme, 1999, 156 p.

RATH, Tom, et Donald O. CLIFTON. *Votre seau est-il bien rempli ?*, s.l., Éditions du Trésor Caché, 2004, 128 p.

KELLER, Jeff. *Tout est dans l'attitude : changez d'attitude et vous changerez votre vie !*, s.l., Un monde différent, 2002, 190 p.

SANBORN, Mark. *Le facteur Fred : comment la passion dans votre travail et dans votre vie peut rendre l'ordinaire extraordinaire*, s.l., Éditions du Trésor Caché, 2005, 144 p.

SHARMA, Robin S. *La sagesse du moine qui vendit sa Ferrari*, s.l., Un monde différent, 1999, 304 p.

FISHER, Marc. *Le golfeur et le millionnaire*, Montréal, Québec Amérique, 2003, 179 p.

SCOVEL SHINN, Florence. *Le jeu de la vie et comment le jouer*, s.l., Éditions Astra, 1992, 141 p.

SOUCY, Monique. *J'ai mal à mon travail : jusqu'où tolérer l'insatisfaction ?*, Montréal, Les Éditions de l'Homme, 2003, 250 p.

JEFFERS, Susan. *Tremblez mais osez !*, s.l., Marabout, 2001, 223 p.

PERREAULT, Pierre. *Jouer pour déjouer*, Sherbrooke, Concept Top Niveau, 2002, 95 p.

CHABOT, Daniel. *La magie du plaisir : la plaisirologie*, 2e éd., s.l., Éditions Quebecor, 2002, 250 p.

SCHALLER, Christian-Tal, et Kinou-le-clown. *Rire pour gai-rire*, s.l., Éditions Vivez Soleil, 1994, 183 p.

ADAMS, Patch, et Maureen MYLANDER. *Docteur Patch Adams : quand l'humour se fait médecin*, s.l., Stanké, 2000, 315 p.

ST-ARNAUD, Yvon. *La guérison par le plaisir*, Novalis, 2002, 398 p.

FILMS

Bienvenue à Pleasantville (v.f. de *Pleasantville*), réalisateur : Gary Ross, États-Unis, 1998, 125 minutes.

Le jour de la marmotte (v.f. de *Groundhog Day*), réalisateur : Harold Ramis, États-Unis, 1993, 101 minutes.

Toys, réalisateur : Barry Levinson, États-Unis, 1992, 121 minutes.

Doux novembre (v.f. de *Sweet November*), réalisateur : Pat O'Connor, États-Unis, 2001, 120 minutes.

La ligne verte (v.f. de *The Green Mile*), réalisateur : Frank Darabont, États-Unis, 1999, 188 minutes.

Patch Adams, réalisateur : Tom Shadyac, États-Unis, 1998, 115 minutes.

François et le chemin du soleil (v.f. de *Brother Sun, Sister Moon*), réalisateur : Franco Zeffirelli, Grande-Bretagne, 1972, 121 minutes.

Chocolat, réalisateur : Lasse Hallström, États-Unis, 2000, 121 minutes.

Hal le superficiel (v.f. de *Shallow Hal*), réalisateurs : Bobby et Peter Farrelly, États-Unis, 2001, 113 minutes.

DISQUES COMPACTS

JOHNSON, Spencer. *Oui ou non – L'art de prendre les bonnes décisions*, disque compact, Coffragants, 2004.

COVEY, Stephen R. *Les 7 habitudes des gens efficaces*, cassette, Coffragants, 1994.

RUIZ, Don Miguel. *Les quatre accords toltèques*, disque compact, Un monde différent, 2006.

JOHNSON, Spencer. *Qui a piqué mon fromage ?*, disque compact, Coffragants, 2001.

TOLLE, Eckhart. *Le pouvoir du moment présent*, disque compact, ADA, 2002.

JEFFERS, Susan. *Tremblez mais osez !*, disque compact, Coffragants, 2003.

CUTLER, Howard, et Dalaï Lama. *L'art du bonheur*, disque compact, Coffragants, 2001.

DYER, Wayne W. *Le pouvoir de l'intention*, disque compact, ADA, 2005.

COELHO, Paulo. *L'alchimiste*, disque compact, Coffragants, 2006.

CHOPRA, Deepak. *Les sept lois spirituelles du succès*, disque compact, Un monde différent, 2003.

LUNDIN, Stephen C., Harry PAUL, et John CHRISTENSEN. *Fish!*, disque compact, Coffragants, 2002.

BREATHNACH, Sarah Ban. *Éloge de l'ordinaire*, disque compact, Coffragants, 2005.

SCOVEL SHINN, Florence. *Le jeu de la vie et comment le jouer*, disque compact, Coffragants, 2001.

FINLEY, Guy. *Lâchez prise*, disque compact, Un monde différent, 2000.

Sondage
sur le climat
organisationnel

Vous trouverez dans les pages suivantes un modèle de sondage que mes collaborateurs et moi avons élaborés. Celui-ci vous permettra d'obtenir l'image exacte des perceptions du climat organisationnel. Je vous suggère de l'utiliser tel quel. Néanmoins, si vous le jugez nécessaire, vous pouvez en modifier la présentation, la procédure et le contenu, et l'adapter à votre organisation. Vous trouverez également après ce sondage des instructions pour la compilation des données et leur interprétation.

Voici ce que vous pouvez indiquer aux personnes interrogées :

Dans le but d'améliorer le fonctionnement de notre organisation, nous aimerions grandement connaître votre opinion sur un certain nombre de sujets. Le questionnaire confidentiel suivant doit être rempli individuellement et remis sous enveloppe scellée à la personne assignée à cette fin. Celle-ci pointera la réception de votre enveloppe sur la liste des employés. La compilation et l'analyse des données seront effectuées par une autre personne. La participation de tous les employés concernés est requise pour obtenir le maximum d'objectivité. Nous vous demandons d'utiliser l'enveloppe ci-jointe pour remettre le questionnaire.

Les sujets évalués sont divisés en **8 sections** :

    1. La mission de notre organisation

    2. L'appréciation du travail

    3. La qualité de la communication

    4. Le style de gestion

    5. Les éléments de motivation

    6. Les facteurs d'engagement

    7. Ma perception à l'égard du climat organisationnel

    8. Mes commentaires personnels

Nous vous invitons fortement à nous faire part de vos suggestions ou à décrire les situations qui vous touchent particulièrement, qu'elles soient positives ou négatives. Tous vos commentaires concernant chacun des sujets évalués sont importants. Vous pouvez les noter à la section 8, à la fin du sondage.

Veuillez répondre aux questions du sondage en utilisant la légende qui suit :

    1 Tout à fait en accord

    2 En accord

    3 Plus ou moins en accord

    4 En désaccord

    5 Tout à fait en désaccord

Nous vous remercions de votre précieuse collaboration.

1. LA MISSION DE NOTRE ORGANISATION

1 *Tout à fait en accord* **2** *En accord* **3** *Plus ou moins en accord* **4** *En désaccord* **5** *Tout à fait en désaccord*

Énoncés	1	2	3	4	5
A) Je connais le rêve ou la vision de mon organisation.	☐	☐	☐	☐	☐
B) La direction communique clairement chaque année les objectifs organisationnels.	☐	☐	☐	☐	☐
C) Mon supérieur communique annuellement les objectifs que devrait atteindre mon unité de travail.	☐	☐	☐	☐	☐
D) La direction m'informe régulièrement et adéquatement des résultats atteints.	☐	☐	☐	☐	☐
E) Je connais très bien la panoplie des services ou des produits offerts.	☐	☐	☐	☐	☐
F) Je connais les valeurs de l'organisation.	☐	☐	☐	☐	☐
G) Les décisions ne se contredisent pas d'un supérieur à l'autre.	☐	☐	☐	☐	☐
H) Les cadres forment une équipe qui m'apparaît unie.	☐	☐	☐	☐	☐
Total :	—	—	—	—	—

2. L'APPRÉCIATION DU TRAVAIL

1 *Tout à fait en accord* **2** *En accord* **3** *Plus ou moins en accord* **4** *En désaccord* **5** *Tout à fait en désaccord*

Énoncés	1	2	3	4	5
A) Je suis satisfait de mon travail.	☐	☐	☐	☐	☐
B) Ma charge de travail est acceptable.	☐	☐	☐	☐	☐
C) J'ai une bonne qualité de vie au travail.	☐	☐	☐	☐	☐
D) Les relations entre mon supérieur et moi sont généralement positives.	☐	☐	☐	☐	☐
E) Les relations entre mes collègues et moi sont généralement positives.	☐	☐	☐	☐	☐
F) Les relations entre mon équipe et les autres équipes sont généralement positives.	☐	☐	☐	☐	☐
G) Mes responsabilités sont clairement définies.	☐	☐	☐	☐	☐
H) Je vis un stress normal au travail.	☐	☐	☐	☐	☐
I) L'environnement physique de mon travail est approprié.	☐	☐	☐	☐	☐
J) Je recommanderais mon employeur à des chercheurs d'emploi.	☐	☐	☐	☐	☐
Total :	—	—	—	—	—

3. LA QUALITÉ DE LA COMMUNICATION

1 *Tout à fait en accord*　　**2** *En accord*　　**3** *Plus ou moins en accord*　　**4** *En désaccord*　　**5** *Tout à fait en désaccord*

Énoncés	1	2	3	4	5
A) Mon supérieur immédiat tient un nombre approprié de réunions.	☐	☐	☐	☐	☐
B) Les réunions sont efficaces, pertinentes et productives.	☐	☐	☐	☐	☐
C) La haute direction tient un nombre approprié de réunions avec l'ensemble du personnel.	☐	☐	☐	☐	☐
D) Les informations reçues dans les communiqués écrits sont fiables.	☐	☐	☐	☐	☐
E) Les communications avec mon supérieur immédiat sont efficaces.	☐	☐	☐	☐	☐
F) Je suis satisfait des informations reçues de l'organisation.	☐	☐	☐	☐	☐
G) Je suis satisfait de la façon dont mon supérieur immédiat me transmet l'information.	☐	☐	☐	☐	☐
H) Je pense que les informations reçues de mon supérieur sont exactes.	☐	☐	☐	☐	☐
I) Je reçois des informations à une fréquence appropriée.	☐	☐	☐	☐	☐
Total :	—	—	—	—	—

4. LE STYLE DE GESTION

1 *Tout à fait en accord*   **2** *En accord*   **3** *Plus ou moins en accord*   **4** *En désaccord*   **5** *Tout à fait en désaccord*

Énoncés	1	2	3	4	5
A) Mon supérieur immédiat me traite avec respect.	☐	☐	☐	☐	☐
B) Je considère que mon supérieur immédiat s'intéresse adéquatement à mes activités.	☐	☐	☐	☐	☐
C) Mon supérieur immédiat favorise la transparence dans son style de leadership.	☐	☐	☐	☐	☐
D) Je fais confiance à mon supérieur immédiat.	☐	☐	☐	☐	☐
E) Mon supérieur immédiat favorise la communication avec ses employés.	☐	☐	☐	☐	☐
F) Mon supérieur immédiat m'appuie dans l'exercice de mes fonctions.	☐	☐	☐	☐	☐
G) Mon supérieur immédiat règle rapidement les problèmes.	☐	☐	☐	☐	☐
H) Mon supérieur immédiat me donne rapidement des réponses.	☐	☐	☐	☐	☐
I) Mon supérieur immédiat a suffisamment de pouvoir pour bien gérer son unité de travail.	☐	☐	☐	☐	☐
J) Mon supérieur immédiat fait respecter les valeurs de l'organisation.	☐	☐	☐	☐	☐
Total :	—	—	—	—	—

5. LES ÉLÉMENTS DE MOTIVATION

1 *Tout à fait en accord*   **2** *En accord*   **3** *Plus ou moins en accord*   **4** *En désaccord*   **5** *Tout à fait en désaccord*

Énoncés	1	2	3	4	5
A) Mon supérieur immédiat me consulte pour résoudre certains problèmes organisationnels.	☐	☐	☐	☐	☐
B) Mon supérieur immédiat me consulte, m'écoute et m'implique dans les processus qui touchent mon travail.	☐	☐	☐	☐	☐
C) Mon supérieur immédiat tient compte de mes opinions.	☐	☐	☐	☐	☐
D) J'ai assez d'autonomie pour bien effectuer mon travail.	☐	☐	☐	☐	☐
E) J'ai le pouvoir requis pour bien assumer mes responsabilités.	☐	☐	☐	☐	☐
F) Mes compétences sont suffisamment utilisées dans l'exercice de mes fonctions.	☐	☐	☐	☐	☐
G) Le type de reconnaissance reçu est conforme aux efforts que j'investis dans mon travail.	☐	☐	☐	☐	☐
H) La fréquence où l'on me témoigne de la reconnaissance est adéquate.	☐	☐	☐	☐	☐
I) La conciliation travail-famille est pour moi un facteur de motivation.	☐	☐	☐	☐	☐
J) Ma rémunération est comparable à celle qu'offrent les compétiteurs.	☐	☐	☐	☐	☐
K) Je me sens bien intégré à l'organisation.	☐	☐	☐	☐	☐
L) La qualtité du climat organisationnel est très importante pour moi.	☐	☐	☐	☐	☐
M) De façon générale, je peux affirmer que je suis motivé.	☐	☐	☐	☐	☐
Total :	—	—	—	—	—

6. LES FACTEURS D'ENGAGEMENT

1 Tout à fait en accord **2** En accord **3** Plus ou moins en accord **4** En désaccord **5** Tout à fait en désaccord

Énoncés	1	2	3	4	5
A) Je peux développer des relations interpersonnelles stimulantes avec mes collègues.	☐	☐	☐	☐	☐
B) On accepte assez facilement que je participe à des programmes de formation.	☐	☐	☐	☐	☐
C) Je sens que le développement de mes compétences est important pour l'organisation.	☐	☐	☐	☐	☐
D) Les conditions de travail de l'organisation sont appliquées de manière équitable.	☐	☐	☐	☐	☐
E) J'ai eu accès à de la formation ou du coaching approprié pour effectuer adéquatement mon travail.	☐	☐	☐	☐	☐
F) J'ai le droit de questionner les décisions qui sont ou seront prises dans mon équipe.	☐	☐	☐	☐	☐
G) J'ai l'impression que ma carrière peut progresser dans cette organisation.	☐	☐	☐	☐	☐
H) L'équipement disponible me permet d'exécuter adéquatement mon travail.	☐	☐	☐	☐	☐
I) Le travail que je fais est essentiel au succès de l'organisation.	☐	☐	☐	☐	☐
J) Quand je présente des projets ou des propositions, je suis certain qu'ils seront bien accueillis et qu'on les prendra en considération.	☐	☐	☐	☐	☐

1 Tout à fait en accord   **2** En accord   **3** Plus ou moins en accord   **4** En désaccord   **5** Tout à fait en désaccord

Énoncés	1	2	3	4	5
K) Je me réalise dans l'exercice de mes fonctions.	☐	☐	☐	☐	☐
L) Je vois suffisamment la haute direction.	☐	☐	☐	☐	☐
M) Je vois et je comprends l'utilité de mon travail.	☐	☐	☐	☐	☐
N) Je peux utiliser ma créativité dans mon travail.	☐	☐	☐	☐	☐
O) Il y a de la cohérence entre ce qu'on dit et ce qu'on fait dans l'organisation.	☐	☐	☐	☐	☐
P) J'ai l'impression qu'on apprécie mon travail.	☐	☐	☐	☐	☐
Q) J'aimerais assumer plus de responsabilités.	☐	☐	☐	☐	☐
Total :	—	—	—	—	—

7. MA PERCEPTION À L'ÉGARD DU CLIMAT ORGANISATIONNEL

Le climat organisationnel actuel est plutôt :   Résultat

1 Très bon   ☐

2 Bon   ☐

3 Mauvais   ☐

4 Très mauvais   ☐

Commentaires, s'il y a lieu : _____

_____

_____

8. MES COMMENTAIRES PERSONNELS

Si vous avez des commentaires additionnels à transmettre à l'égard d'irritants que vous subisssez ou si vous avez des suggestions pour améliorer votre qualité de vie, le climat ou le fonctionnement de l'organisation, n'hésitez pas à en faire mention.

_____

_____

_____

_____

_____

_____

Vous venez de contribuer grandement à l'amélioration du climat organisationnel.

Veuillez mettre votre questionnaire dans l'enveloppe fournie, sceller celle-ci et la remettre à la personne nommée à cette fin.

Merci de votre participation.

EXEMPLE DE RÉPONSES AU SONDAGE SUR LE CLIMAT ORGANISATIONNEL

Compilation effectuée pour ☐ l'organisation ou par _____ le _____

Section 2 – L'appréciation du travail

Énoncés évalués	C 1 Résultats compilés par énoncé						C 2 Résultats regroupés en chiffres absolus				C 3 Résultats regroupés en pourcentage (%)			
	1	2	3	4	5	Total	1 + 2	3	4 + 5	Total	1 + 2	3	4 + 5	Total
A) Je suis satisfait de mon travail.	5	18	8	1	1	33	23	8	2	33	70 %	24 %	6 %	100 %
B) Ma charge de travail est acceptable.	4	17	5	6	1	33	21	5	7	33	64 %	15 %	21 %	100 %
C) J'ai une bonne qualité de vie au travail	4	12	16	0	1	33	16	16	1	33	48 %	48 %	3 %	100 %
D) Les relations entre mon supérieur et moi sont généralement positives.														
E) Les relations entre mes collègues et moi sont généralement positives.														
F) Les relations entre mon équipe et les autres équipes sont généralement positives.														
G) Mes responsabilités sont clairement définies.														
Total	13	47	29	7	3	99	60	29	10	99	61 %	29 %	10 %	100 %

1 – Tout à fait en accord
2 – En accord
3 – Plus ou moins en accord
4 – En désaccord
5 – Tout à fait en désaccord

90 % : Excellent
80 % : Très bien
70 % : Bien
60 % : Moyen
50 % : Problème

Compilation et interprétation des données

La compilation se fait en trois opérations : C1 – C2 – C3 (voir l'exemple ci-joint). Vous pouvez effectuer ces opérations pour l'ensemble de l'organisation, par direction, par service, par équipe ou par toute autre activité. La compilation, qui peut être faite manuellement ou électroniquement, consiste à établir simplement la fréquence des réponses en additionnant les résultats pour chaque question.

Une fois que vous avez compilé les résultats par énoncé dans le bloc C1, vous additionnez les colonnes 1 et 2 de ce bloc, ce qui représente le total des « **tout à fait en accord** » et « **en accord** ». La réponse, dans le cas présent 23, est reportée dans le bloc C2 sous la colonne 1 + 2. De la même façon, l'addition des colonnes 4 et 5 de C1 vous donne le total de « **en désaccord** » et « **tout à fait en désaccord** », soit 02, qui est reporté sous la colonne 4 + 5 dans le bloc C2.

Ensuite, il s'agit de convertir en pourcentages les données obtenues dans le bloc C2 et d'indiquer ces pourcentages dans le bloc C3. Ainsi pour la première ligne, l'énoncé **« A) Je suis satisfait de mon travail. »** : 23 résultats sur 33 représentent 70 %, 8 résultats sur 33 = 24 % et 2 résultats sur 33 = 6 %. Si vous obtenez pour chaque énoncé évalué dans la colonne 1 + 2 un résultat de 90 % et plus, c'est excellent ; 80 %, c'est très bien ; 70 %, c'est bien, 60 % c'est passable, 50 % c'est problématique. Selon la théorie du 80 – 20, si vous obtenez 80 % de satisfaction, vous êtes des champions. Il y a en moyenne toujours environ 10 % de personnes frustrées, caractérielles ou négatives que vous pouvez difficilement réhabiliter positivement et qui draineront 80 % de votre énergie. Vous devez cependant vous en occuper, car comme vous le savez, lorsqu'on ne fait rien, on fait quelque chose. Finalement, il y a en moyenne un autre 10 % que vous pouvez neutraliser assez facilement si vous prenez les bons moyens.

Les colonnes 1 + 2 et 4 + 5 sont très importantes, mais l'analyse de la colonne 3 est cruciale parce qu'elle reflète le bassin potentiel de changement. La colonne 3 regroupe ce qu'on pourrait appeler les indécis. Leur addition d'un côté ou de l'autre peut faire toute la différence à l'égard du résultat potentiel. Vous pouvez d'ailleurs faire la projection d'une tendance en prenant pour hypothèse que le total obtenu dans « **plus ou moins d'accord** » (colonne 3 dans C3, soit 24 %) pourrait éventuellement se répartir entre les colonnes 1+2 et 4+5. Cela pourrait s'avérer possible si vous faites de bonnes interventions.

Pour illustrer mon propos, prenons encore l'énoncé **« A) Je suis satisfait de mon travail. »**. Nous obtenons dans le bloc C3 pour les colonnes 1 + 2 = 70 %, 3 = 24 %, 4 + 5 = 6 %. Cela signifie que le 70 % devient 92 % (donc un ajout de 22 %) et que le 6 % devient 8 % (donc un ajout de 2 %), le 24 % de la colonne 3 ayant été réparti. Pour faire la conversion, vous n'avez qu'à faire une simple règle de trois. Le nouveau résultat signifierait que 92 % des personnes interrogées trouveraient que leur travail les satisfait, ce qui serait excellent. Le résultat repose évidemment sur l'hypothèse d'une tendance potentielle proportionnelle. Vous pouvez aussi faire une évaluation plus rapide du potentiel en supposant que 50 % du résultat obtenu dans la colonne 3 (24 %) pourrait passer à la colonne 1 + 2 si vous prenez les moyens appropriés ou à la colonne 4 + 5 si la situation se détériore. Dans notre exemple, on supposerait que 12 % (soit 24 % x 50 %) s'ajouterait au 70 % déjà obtenu, ce qui porterait le total à 82 % pour la colonne 1 + 2, lequel serait un très bon résultat. Si vous obtenez un résultat avoisinant 50 % pour la colonne 1 + 2, je vous suggère d'imaginer un plan d'action pour corriger cette situation.

Par ailleurs, le total figurant au bas de chaque section donne la fréquence pour les blocs C1 et C2, alors qu'en C3 le total est le résultat de la moyenne de la section en pourcentage. Dans l'exemple partiel de la **section 2 – L'appréciation du travail**, nous obtenons 61 % pour la colonne 1 + 2, 29 % pour la colonne 3 et 10 % pour la colonne 4 + 5. Le total donne une idée générale des résultats pour la section sans plus, puisqu'il ne s'agit pas d'un résultat multicritère accordant une pondération à chacun des énoncés.

Il faut s'attarder davantage aux résultats obtenus pour chacun des énoncés et en faire la bonne interprétation. Par exemple, si un service compte 5 personnes et que 80 % d'entre elles ont noté qu'il n'y a pas de chance d'avancement dans leur unité, vous conviendrez que ce résultat est assez logique et qu'on peut difficilement faire autrement. Par contre, s'il y a 500 personnes dans ce service, il existe probablement un problème.

Finalement, la compilation des données sur la perception globale du climat organisationnel (**section 7**) est importante et doit être faite par l'addition de chacune des fréquences et leur conversion en pourcentage.

Exemple :

Le climat organisationnel actuel est plutôt :	en chiffres absolus	en pourcentage %
1 Très bon	120	15
2 Bon	496	62
3 Mauvais	104	13
4 Très mauvais	80	10
Total des répondants	**800**	**100**

Vous êtes à même de constater qu'il y a quatre choix de réponses. Cela oblige le répondant à prendre position en tenant compte du mot «plutôt» indiqué dans l'en-tête. Par ailleurs, vous pourriez ajouter le qualificatif «moyen» dans les choix de réponses, ce qui représente pour un certain nombre de répondants une absence de véritable réflexion. Dans un tel cas, vous pourriez faire l'exercice de la tendance décrite ci-dessus pour la répartition des **«plus ou moins d'accord»**. Si vous obtenez un résultat de 90 % et plus, c'est excellent ; 80 % et plus, c'est un très bon résultat ; 70 % et plus, c'est un bon résultat ; 60 %, c'est un résultat passable ; 50 %, c'est un résultat problématique. L'addition de **«très bon»** plus **«bon»** et **«mauvais»** plus **«très mauvais»**, vous donnera une perception globale du climat organisationnel. Vous devez accorder une grande importance au résultat de cette addition. Dans l'exemple précédent, 87 % (15 % + 62 %) des répondants ont qualifié le climat organisationnel de **bon** et de **très bon,** ce qui est excellent.

Dans l'évaluation de la perception globale du climat organisationnel, vous devrez également tenir compte de certains éléments, notamment la période où vous faites cette évaluation. Certaines saisons engendrent plus de morosité ou de frénésie et certaines périodes de l'année peuvent être plus actives que d'autres dans une organisation. De plus, certains contextes, comme des compressions budgétaires, la réorganisation administrative, etc., peuvent influer sur les résultats en lien avec la perception globale du climat organisationnel. Finalement, d'autres facteurs peuvent parfois influencer les résultats, notamment l'attitude acrimonieuse de plusieurs employés ayant beaucoup d'ancienneté et ayant perdu confiance dans la direction. Néanmoins, l'exercice mérite d'être fait.

Je vous suggère fortement de commencer par soumettre l'ensemble de l'organisation au sondage, puis d'apporter les correctifs nécessaires en ciblant un certain nombre d'énoncés. Après une bonne période de temps, qui peut varier de 8 à

12 mois, vous pouvez refaire le sondage par direction et, finalement, l'année suivante par service. C'est le principe de l'entonnoir pour arriver au résultat désiré. Toutefois, dès le début, il est important d'informer adéquatement les participants du processus retenu. Dans le cadre d'une stratégie de sensibilisation et d'anticipation, vous pourriez distribuer le sondage aux cadres en leur signifiant que celui-ci sera utilisé dans six mois. Ainsi, ceux-ci pourront immédiatement commencer à mettre en place certaines pratiques ou certains processus.

La réalisation d'un sondage sur le climat organisationnel peut servir de document de travail. Il démontre un bon degré d'humilité d'une part, et une grande préoccupation pour le bien-être des employés et la performance de l'organisation d'autre part. Par ailleurs, un sondage génère l'obligation de fournir rapidement des résultats si l'organisation désire maintenir sa crédibilité et témoigner de la sincérité de ses prétentions. L'objectif n'est pas d'identifier des coupables mais de trouver des pistes d'amélioration. Vous devrez par conséquent faire état de ce qui vous a le plus frappé, faire part de votre plan d'action pour apporter des améliorations et le mettre efficacement en application.

Écrivez-nous !

Pour faire part aux éditeurs de vos commentaires et suggestions ou pour signaler toute erreur ou omission :

livre@transcontinental.ca

Pour partager vos réflexions avec l'auteur à propos de ce livre :

jeanluc@tremblay.com

www.jeanluctremblay.com